时代楷模

2019卷

中国关心下一代工作委员会教育中心
时代楷模发布厅◎编

河北出版传媒集团

花山文艺出版社

河北·石家庄

图书在版编目（CIP）数据

时代楷模. 2019卷 / 中国关心下一代工作委员会教育中心,时代楷模发布厅编. --石家庄: 花山文艺出版社，2022.12（2023.7 重印）
ISBN 978-7-5511-6587-7

Ⅰ.①时… Ⅱ.①中… ②时… Ⅲ.①人物－先进事迹－中国－现代 Ⅳ.①K820.7

中国国家版本馆CIP数据核字(2023)第017893号

编委会

主　　任：鲁天龙　孙　岭
委　　员：邸明杰　郝建国

书　　名：**时代楷模** 2019卷
　　　　　Shidai Kaimo 2019 Juan
编　　者：中国关心下一代工作委员会教育中心
　　　　　时代楷模发布厅

策　　划：曹征平　郝建国
责任编辑：王玉晓　师　佳
特约编辑：高　瞻
责任校对：齐　欣
装帧设计：陈　淼
美术编辑：胡彤亮
出版发行：花山文艺出版社（邮政编码：050061）
　　　　　（河北省石家庄市友谊北大街330号）

销售热线：0311-88643299
印　　刷：永清县晔盛亚胶印有限公司
经　　销：新华书店
开　　本：700×1000　1/16
印　　张：12.25
字　　数：120千字
版　　次：2022年12月第1版
　　　　　2023年7月第2次印刷
书　　号：ISBN 978-7-5511-6587-7
定　　价：30.00元

目 录
CONTENTS

其美多吉

扫码看视频　扫码看公众号

中共党员，藏族，中国邮政集团公司四川省甘孜县邮政分公司邮车驾驶员，承担川藏邮路甘孜到德格段的邮运任务。他爱岗敬业，三十年如一日，驾驶邮车在平均海拔 3500 米的雪线邮路上运送邮件，累计行驶里程 140 多万公里，没有发生一起责任事故。他意志坚强，遭遇歹徒袭击时挺身而出，用鲜血和生命守护邮件安全，身负重伤后坚持康复锻炼，以坚韧的毅力重新走上工作岗位。他珍爱团结，以螺丝钉精神紧紧钉在川藏线上，将来自党中央的声音、祖国四面八方的邮件送往雪域的各个角落，用真情奉献为促进藏区经济社会发展作出了积极贡献，被群众誉为"雪线邮路的幸福使者"。

> 每当老百姓看到邮车和我，就知道党和国家时时刻刻关心着藏区。我热爱这份事业，更愿以余生驾邮车为藏区发展尽绵薄之力。

一

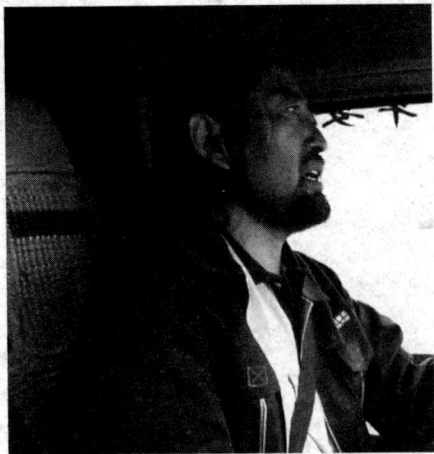

其美多吉

右脸上这道伤疤，是 2012 年 7 月拦车歹徒给其美多吉留下的。

当时他正开着邮车，在山路上行驶。经过雅安市天全县时，从路边窜出 12 个歹徒，拦截邮车。他们认为这么大一辆车，肯定拉着值钱的货。实际上，当时邮车里，装载着康定 18 个区县学生的新学期教材。

1 对 12，其美多吉没犹豫就冲了上去。

多吉，藏语的意思是金刚！

他的反抗，激发了歹徒的贪婪和凶残——能用生命保护的货物，得多值钱啊！

几近疯狂的歹徒，给其美多吉留下了刀伤 17 处，打断肋骨 4 根，他的头盖骨也被掀掉一块……现在头骨缺损部分，配的是钛合金骨骼，一到冬天头顶就像顶着一块冰。

这条路上，除了歹徒，还有狼群。

其美多吉曾经只身面对 8 头野狼，但是他不怕。因为他知道，只要狼群不饿，就不会攻击邮车。

而歹徒和狼群，都还不是最可怕的。

二

这就是其美多吉跑了 30 年的雪线邮路，全国唯一一条不通火车的一级干线汽车邮路。全程往返 1208 公里，海拔从

雪线邮路

2500 米一路攀升到 5000 米以上，一连十几个回头弯很常见，最高最险的就是雀儿山。

雀儿山垭口，海拔高度 5050 米，被称为"鬼门关"，常年冰雪覆盖，最窄处不足 4 米，仅容一辆大车慢行。重达 12 吨的邮车经过这里时，一边是碎石悬挂，另一边就是万丈深渊。有恐高症的人坐在车里，冬天都会吓得流汗。

其美多吉开的是名副其实的"过山车"，加速、换挡、转向，每一个动作都如同与死神博弈。

在这里，你可以不怕狼，但是要怕山；你可以不畏地，但是一定要敬天！

海上有台风，沙漠有沙尘暴，这里最可怕的是"风搅雪"。遇到"风搅雪"，汽车根本无法行驶，周围白茫茫一片，即便雪停了，道路也无法辨认，全靠一步一步摸索着探路。

在雪线邮路上，几乎每个邮车司机都有被大雪围困的经历。其美多吉运气算好的，开了 30 年邮车，最长一次被困也只有三天两夜。当时雀儿山养护公路的道班就在附近，可他宁可"挖开 1 米积雪，往前开 1 米车"这样挪着走，也没有丢下邮车去求援。

人在，邮件在！这是铁律。

往返雪线邮路的每一位邮车驾驶员都清楚，野外紧急情况下，可以烧掉任何东西保护自己，除了一样东西，那就是邮件。

只要有邮件，邮车就得走；只要有人在，邮件就会抵达。因为，他们送的，是信，是希望！

三

　　1954 年 12 月川藏公路通车，雪线邮路随之开通，成为全国各省通过四川入藏的唯一邮政通路。

　　其美多吉记得小时候，高原上的车很少，在家乡德格县见到最多的，就是沿着雪线邮路来的绿色邮车。看到邮车，乡亲们都会挥手致意。当邮车司机也成了他儿时的梦想。

　　18 岁那年，其美多吉花 1 元钱买了一本《汽车修理与构造》，开始学习修车，后来还学会了开车。

　　1989 年 10 月，德格县邮电局买了第一辆邮车。其美多吉

雪线邮路

应聘成功，开上了全县唯一的邮车。

每次开车上路，其美多吉都会高兴地唱上两句："在每一天太阳升起的地方，银色的神鹰来到了古老村庄……"

他知道自己所做的不仅仅是一份工作，传递的也不仅仅是一个个邮包、一份份报纸，更是乡亲们心中殷切的期望和对美好生活的向往。而这种幸福，却在 2012 年 7 月被打断。

遭遇歹徒袭击后，经过三天三夜抢救、大大小小 6 次手术和连续一周的重症监护，其美多吉的命才算勉强保住。这个 1.85 米的康巴汉子，不得不坐上了轮椅。

刚出院时，他的手指肌腱已经重度粘连，连腰带都系不了，专家诊断复原的概率几乎为零。为此，其美多吉大哭了一场。

可是，他没认命，连山鹰飞不过的雀儿山都开得过去，还有什么坎儿过不去。

为了能够重新握住方向盘，其美多吉四处求医，最终找到一套"不是办法的办法"：用外力强行扯断粘连的肌肉组织，再让它们重新愈合。这个过程相当于把曾经受的伤再来一次。康复训练中的剧痛可想而知，其美多吉咬着牙，全都默默扛下来。

令人没想到的是，坚持两个月后，奇迹出现了——伤手的运动机能竟然恢复了，尽管不能和以前一样，但也基本无碍。伤好后，其美多吉不顾同事和家人的劝阻，立刻回车队报到。

回归车队的那一天，同事们为他献上哈达，他转身把哈达系上了绿色邮车！

其美多吉为邮车献哈达

四

历经磨难后回归，最高兴的不只是其美多吉和他的同事们，还有雪线邮路上的其他司机。

在这条路上，多吉是受人爱戴已久的老大哥！

在其美多吉的邮车里，常年备着氧气瓶、药品、铁锹和防滑链。这些东西看着不起眼，如果碰上需要帮助的人，每一样都能救命。

助人为乐，是老一辈邮政司机留下来的优良传统，开邮车这30年，其美多吉临危出手，挽救过至少上百人，他救助过的司机更是数不胜数。

特别是遇到险情，比如暴风雪、泥石流或是塌方滑坡，路上的司机会不约而同地找地方停下来，等邮车。邮车通过后，大家跟着车轱辘印儿，小心翼翼地开过去。

敬仰这位老大哥的，还有一群雪线邮路沿途的道班兄弟们。其美多吉经常会把新鲜的水果、蔬菜，最新的书报杂志，送上海拔5000米的值班点。在他眼里，这些坚守生命禁区又平凡无私的兄弟，也是自己的亲人。

曾经有朋友劝他别开邮车了，特别是受伤后。朋友劝他换个工作，哪怕去开货车，不仅轻松还赚得多。不过，其美多吉始终牢记，这辆邮车、这条邮路，承载了太多乡亲们的期盼和信任。

每到春节临近，在雪线邮路上奔波的人也都要回家。往日川流不息的运输车辆"猫冬"了，工地轰鸣的机械也收声了，甚至路两边的饭馆、商店也关门歇业了，而邮路不能停，邮车必须走。

天地间，绿色邮车穿行雪山，陪着他们的，是天上的雄鹰！

五

30年来，其美多吉6000多次往返雪线邮路，行程140多万公里，相当于绕赤道35圈。

他不仅圆满完成了每一次任务，而且从未发生过一起责任事故。

仅2017年，其美多吉带领他班组的兄弟，安全行驶43.4万公里，向西藏运送邮件13万件，运送省内邮件33万件。

这条曲折艰险的雪线邮路，是连接藏区和内地的桥，其美多吉和他的同事们，就是往返投递彼此幸福的人。

正是像他们这样普普通通的邮政职工，支撑起覆盖全国

960 多万平方公里的邮政网络。

无论是无名山沟里的小村庄，还是白雪覆盖的边境哨所，或者孤悬海上的岛屿，不管你在哪里，中国邮政，都会把世界送到你面前。

信，达天下！

北京榜样优秀群体

为深入推进社会主义核心价值观建设，自2014年以来，北京市持续开展北京榜样学习宣传活动，推出了一大批立得住、叫得响、传得开的榜样人物。北京榜样优秀群体，就是这些人物中事迹厚重、影响较大的50位年榜荣誉获得者。他们有的勇攀科技高峰，致力关键核心技术自主创新，在重大科技领域实现原创性突破；有的扎根城乡基层，服务一方百姓，办了许多暖民心、解民忧的好事实事；有的身残志坚，以永不言弃的精神拼搏奋斗，在人生的赛场上取得了骄人成绩；有的见义勇为，危急时刻挺身而出，用大无畏的行动保护了国家和他人生命财产安全；有的热心社会公益，积极参加岗位学雷锋和志愿服务，用爱和奉献帮助了群众、温暖了京城。这些源自基层、植根平凡、充满正能量的榜样人物，用实际行动深刻诠释了习近平总书记提出的首都市民"热情开朗、大气开放、积极向上、乐于助人"的优秀品质，生动展示了社会主义核心价值观建设的实际成效。

5 年，50 人，他们用爱和坚持，温暖了这座城。

柴米油盐酱醋茶，日子一天天过，总有一些人让你惦记。

对他们，你可能叫不上名儿来，但他们生活在你我身边，平凡又普通。

他们可能是你我的街坊邻居，是你我时常碰到的熟面孔，是你我听闻过的热心人。

他们千差万别，却为同一种精神所聚拢——"北京榜样"，讲述老百姓自己的北京故事。

说起对北京人的印象，"贫嘴张大民"的热情、"老炮儿"的仗义、"我爱我家"的幽默……你会想到一连串的形象。

然而，这座古老的"四九城"在走向新时代，生活在这里的市民们也在生发出更闪亮的城市精神。

他们见证北京成长，又推动北京发展。

一座城市的发展，离不开精神的支撑；一个社会的进步，有赖于文明的成长。

一

　　这里是北京丰台，这里有一条孤独的公交线——313路。

　　9个站，往返15公里，司机刘宝中的11年，就在这几个数字间循环往复。

　　因为路程短、乘客少，313路只有他一名司机，独此一辆车，一天只跑5趟。

　　这是沿途居民出行的唯一一趟公交车。因此，313路被称为北京最"孤独"的公交路线。

北京最"孤独"的公交线路——313路

313 路是孤独的，但刘宝中这团火，把光和热传导给乘客，让孤独的车程有了不孤独的记忆。

11 年里，他把这 20 平方米的车厢打造成"流动的四合院"。

乘客们都有他的联系方式，谁需要办点儿事、跑个腿儿，他都召之即来。在这趟车上，没有陌生人之间的互不理睬，只有常相伴的温情脉脉。

"别人都是人等车，只有我是车等人。"

2018 年 11 月 30 日，75 岁的郑士传赶不上最后一趟 313 路，他给刘宝中打了个电话，让车等等。可当他到了公交站，却不见车影。

正在这时，一辆小轿车停在了郑大爷身后。原来，那天刘宝中去开会，是别人代他出车。可接到郑大爷的电话后，他依旧开私家车赶了过来。

很多乘客都被刘宝中关照过，爱是相互的，刘宝中把他们当亲人，乘客对他也一样。

2012 年 5 月，刘宝中得了肠溃疡住院。乘客们到病房看他，拎着水果、营养品，还有刘宝中最爱吃的羊头肉。

他温暖了一条公交线，温暖了很多人的心，他还被授予了一个温暖的名字——"北京榜样"。

在"北京榜样"里，像刘宝中这样在自己的岗位上干出了民心、干出了和谐的劳动者还有很多，比如捐献 RH 阴性"熊猫血"的韩冰、利用新型科技助老的张佳鑫……

是责任，让他们在平凡中找到坚持的力量。对岗位的负责，根源在于他们对职业精神的信仰，对这个时代的认可。

二

这里是北京朝阳。毗邻城市的商务中心区，挨着外国人云集的首都窗口，有着半个世纪历史的呼家楼北社区占尽地利。

可老旧小区的历史遗留问题一度让这里的居民与繁华格格不入。

小区里有一位大管家，她啥忙都愿帮，不推卸、不打官腔。她就是殷金凤，社区党委书记。

老旧小区有的是棘手的难题，到现在还有200多户居民是"合居户"，3家人共用一个卫生间。

家家有本难念的经，居民们一说起殷金凤，"书记"的前面便有了个"难"字。

殷金凤

殷金凤是下岗后才竞选上的社区干部。上任之初，有人给她支过招，要有人找，不是分内事，就说"我们几个老头儿老太太能解决什么？"用个"拖字诀"，一推六二五，时间长了，就没人找了。

那个"高招"，殷金凤没采纳，她反而公开手机号码，随叫随到。

有人打电话说煤气漏了，主人还没到家，她先到了。

为了解决居民楼下水道堵塞的问题，她带着干粮去产权单位堵厂长，人家有意躲开，她就坐在人家门口堵着。她在正门堵过厂长，在办公室堵过厂长，在停车场堵过厂长，最后在厕所门口把厂长堵住了。

为了解决老旧小区最难解决的停车难问题，她设计调查问卷，挨家挨户走访，征集停车设计方案，最后成立了社区自己的"呼北停车公司"，每辆车一个月才交 100 块钱。

为了让居民不再"买菜难"，她发挥党组织的统筹协调作用，将社区 300 平方米的自行车棚进行改造，通过公平竞争引进 10 多家优质服务商，不收场地费，但要求价格必须低于市场，居民在这里买菜，光 1 斤鸡蛋就比外面便宜 5 毛钱。

多少难题，就这样解决了。

这个曾经垃圾遍地的"问题小区"，成了居民认可的"高档小区"。殷金凤，被称为"解难书记"。

从下岗员工到社区带头人，她不畏难、不抱怨、不逃避。这种直面现实与问题的勇气，来自她对实干的理解，"说得好不如做得好，喊破嗓子不如做出样子"。

像她这样的社区干部，在北京榜样里还有西便门东里社区党委书记潘瑞凤、小巷管家梁萍。

正是她们，用实干诠释着为民服务的本色，用实干守护着北京的城市温度。

三

这里是北京大兴，这里有一个率众降伏病毒的医药专家。

甲流、H7N9……肆虐的疫情，一碰到他研发的新药，就没了脾气。

矢志做药，救人性命，这就是谢良志——病毒疫苗和生产领域的专家。

他曾是国外医药巨头公司的专家，可享受优越的生活并不是他的追求。为了更好地将自己所学回报同胞，回国的想

谢良志（左一）

法一直在他心头萦绕。

血友病的死亡率和致残率非常高，如果不治疗，患者平均寿命不超过 20 岁，大多数重度患者终身残疾。过去 60 多年，全球甲型血友病人过得很苦，病痛之外，临床用药的紧缺让他们求生无门。

回国后，谢良志创办公司，着手研发新药。

他跟病魔争分夺秒。6 年的努力，研发出的新药有望彻底改变这型患者缺药的历史。

面对疫情，兵贵神速。2009 年甲流疫情肆虐，仅用 30 天，谢志良便带领团队研发出血凝素蛋白，被几十个国家的疾控中心争相购买。

这些数字背后，是生存与治愈，是希望与光明，是一个又一个行业纪录。

以前，中国相关产业的上游产品全部依赖外国，如今，他不但打破外国垄断，还把高端制剂销往全球 40 多个国家。

在谢良志身后，越来越多的力量在接力。对刚起步的国内同行，通过出让利润，"义翘神州"施以援手的国家级科研项目已上千。

利润不是谢良志追求的目标，做药是为了救人，不是为了利润。

在"北京榜样"中，这样在新赛道为民造福的医药行业企业家还有不少，比如填补新药市场空白的康立生公司董事长程刚、研制生物芯片的程京。

在国民健康和国家任务面前，他们把利润、回报放在一边。是他们不看重经济效益吗？是因为他们明白，利字之前，企业要守信，更要心怀家国大局。

这是他们的初心，是化奇迹为现实的信念所在。

四

这里是北京朝阳，"00后"少年张少康在这里当理发师，见义勇为的他做完手术脱离危险后，想到的第一个问题是"我的医疗费上哪儿找？"每月挣3000元的他，一半工资交给家人，没什么积蓄。

他向医护人员打听医疗费时，医护人员告诉他，见义勇为人员的医药费是有相关保障规定的。

2018年6月15日，柳芳地铁站附近，一个歹徒在持刀抢劫后试图逃跑。

张少康抛下生意，飞起一脚踹向歹徒，却被歹徒挥刀扎伤倒地。此时，蔡文岁赶到，冲上去抱住歹徒。打斗中，蔡文岁脑后、脸腮等处被扎7刀，也负伤倒下。周凡凡赶到，飞脚踹向歹徒胸口，徒手夺刀。此后，多位群众联手将歹徒制服。

有人解下自己的腰带，给伤员包扎止血；路过的两位大妈气喘吁吁地赶到医院，掏出300块钱，要帮伤员交医疗费。

蔡文岁戴着结婚戒指的无名指，在夺刀时被划了一个大口子，医生把血淋淋的戒指摘下来，交给他的爱人。爱人后来说，她当时都崩溃了。

他们有理发师、足疗师、健身教练等，他们是进京务工的人员，是素昧平生的路人。

烈火见真金，在正义面前，不分来处，他们是刀口上的

"6·15"朝阳见义勇为群体

英雄，被授了同一个称号——"6·15"朝阳见义勇为群体。

见义勇为的"北京榜样"年年都有，比如见义勇为的公交司机张宏伟，刀下救人的杨帆、赵小伟。

这是一种公民精神的感召，这是一种潜移默化的共识，正是这一个个个体，撑起崇德向善的力量，呵护着这个他们共同生活的首善之区。

五

这里是延庆，北京的后花园。贺玉凤的家，在妫水河岸边，河水流淌着她儿时清澈的记忆，也流淌着她为人不解的过往。

贺玉凤爱干净，看着垃圾碍眼，见不得河水就这么给毁了。自1996年起，边遛弯儿边捡垃圾成了她的习惯。

有人说她神经病，有人以为她捡破烂卖钱是"穷疯了"，奚落她是"垃圾奶奶"。

外人闲言碎语，让家人感到脸面无光，埋怨她丢了面子。贺玉凤的环保行动压力重重。

有一次还险生意外，贺玉凤捡垃圾时落水，靠抓到河边的芦苇，才算捡回一条命。

从此，贺玉凤留下了心理阴影，看到阴天会莫名害怕。

老伴儿看在眼里，疼在心上，边责备她"没淹死就算便宜你了"，回头却给她做了一个三四米长的抄子，方便她安全捡拾。

一片痴心打动了家人，长期坚持也换来尊重。人们对她的称呼悄然从"垃圾奶奶"变成了"环保奶奶"。

贺玉凤是个土生土长的延庆农民，对于这片土地，她看得重、爱得深。她把小善举燃成一场守护家乡的行动。

信念生发力量，坚守超越平凡。

北京榜样里，这样通过公益改变周遭的人还有为北京种下防护林的廖理纯、义务教盲人学习手风琴的任士荣，是他们让我们从一个独特的视角重新认识了北京。一个大家共同

贺玉凤

热爱的家园，才是一座成就美好梦想的城市。

六

"千万人中你很平常，你我常走在同一条街巷……"《北京榜样》唱出了这样一种"平凡中的力量"。

从 2014 年至今，北京各级举荐的身边榜样已达 26 万人，被评选表彰为周榜、月榜和年榜人物的突破 600 人。他们的日子各不相同，却也有共同的烙印。

他们默默无闻，却用数分钟、数小时、数日、数月、数年、数十年，把最平常的"小事儿"做成伟大的善举。

他们传承着"仗义、热情"这些传统特质，又在新时代的舞台上展现着北京人的新特色。

没有勋章也一样闪亮，没有光环也一样温暖四方。他们是普通人，用凡人善举诠释着北京市民的品质，这正是"北京榜样"的生命力之所在。

一群人何以感动一座城？

因为在他们身上，彰显着大国首都的精神高度。

学习榜样，不在乎"大"而在于"小"。

正是千千万万的追随者，塑造了这座城市独特的精神气质。

附：北京榜样优秀群体名单（排名不分先后）

2014 年：张佳鑫、廖理纯、郑丹娜、金汉、陈敏华、闫志国、韩冰、张鹊鸣、斯蒂芬·马布里

2015 年：夏虹、张涛、谢良志、周红、肖英、任全来、任士荣

2016 年：吴松航、张晓艳、张博研、童松、张宏伟、松岩、黄文祝、程京、李颖、孙晓兰

2017 年：贾利民、殷金凤、高凤林、贺玉凤、王晓旌、潘瑞凤、陈旭、吴书瑞、许泽玮、张莉华、杨金锋、杨帆、赵小伟

2018 年：北京市公共文明引导员总队、苑永萍、夏伯渝、郎恩鸽、宋玺、"6·15"朝阳见义勇为群体、梁萍、程刚、李东方、刘宝中、周晔、田琴

八步沙林场"六老汉"三代人治沙造林先进群体

扫码看视频　扫码看公众号

八步沙林场地处河西走廊东端、腾格里沙漠南缘的甘肃省古浪县。昔日这里风沙肆虐，侵蚀周围村庄和农田，严重影响群众生产生活。为保护家园，20世纪80年代初，郭朝明、贺发林、石满、罗元奎、程海、张润元6位村民，义无反顾挺进八步沙，以联产承包形式组建集体林场，承包治理7.5万亩流沙。以"六老汉"为代表的八步沙林场三代职工，矢志不渝、拼搏奉献、科学治沙、绿色发展，持之以恒推进治沙造林事业，至今完成治沙造林21.7万亩，管护封沙育林草面积37.6万亩，以愚公移山精神生动书写了从"沙逼人退"到"人进沙退"的绿色篇章，为生态环境治理作出了重要贡献。

　　八步沙林场"六老汉"的英雄事迹早已家喻户晓，新时代需要更多像"六老汉"这样的当代愚公、时代楷模。要弘扬"六老汉"困难面前不低头、敢把沙漠变绿洲的奋斗精神，激励人们投身生态文明建设，持续用力，久久为功，为建设美丽中国而奋斗。

——习近平

三代治沙人

　　千里山万亩沙，良田掠走；狂风虐沙石飞，乡土难留。

　　什么样的事，一干就是一辈子？什么样的人，一辈子只干一件事？

　　在甘肃省武威市古浪县，有这样一群人，一辈子只干一件事——种树。他们用种树来丈量大地，用种活的树来计算时间。

"过去是沙子撵着人跑，
现在是人把沙子赶跑啦！"

古浪县的八步沙地处腾格里沙漠南缘。

30多年前，这里黄沙漫天、植被稀少。132公里长的风沙线，犹如一条移动的巨蟒，以每年7.5米的惊人速度向南部村庄侵袭，直接威胁着当地十几个村庄和几十万亩的耕地。

1981年，县里把八步沙作为荒漠化土地开发治理试点，面向社会招标承包。

"现在是国家支持咱们去治沙，这可正是把这黄沙撵出村子的好时候呀。"在土门公社漪泉大队当主任的石满老汉第一个站出来，召集郭朝明、贺发林、罗元奎、程海、张润元等几位老汉商议。

"这是啥好时候吗？再好，你还能把那风挡住，能让咱们这沙地开花，让这沙地结果子吗？"

"这风沙要是没人治理，咱这世世代代的庄稼全都给沙子吃了，以后咱们吃啥喝啥啊？咱们娃们住哪儿？"

"治理风沙，我们共产党员不带头，让谁来干！"

…………

就这样，6位老汉在承包沙漠的合同书上按下红指印，以联户承包的方式组建八步沙林场，负责治理7.5万亩流沙。

6双手，6把锹，这就是6位老汉组成的八步沙治沙队。

没有房子，他们就在沙地里挖一块等身大小的地窝子，架上草木，和衣而睡；没有灶台，他们就在砖头上支口锅，

曾经的荒漠

馒头就着开水吃。大风一起，风沙刮到锅里碗里，吃到嘴里吱吱地响。

第一年，1万亩，沙暴来了全军覆没。

第二年，黄风刮，一半的苗子被连根拔起。老汉们不信邪，趴在沙窝上找办法，发现草墩子跟前的树苗好着呢，沙到草墩子跟前就不走了。

他们总结出"一棵树，一把草，压住沙子防风掏"的办法，树木的成活率一年比一年高。

到了第四年春天，沙窝上冒出一簇簇开花的植物，有的红，有的黄。老汉们终于成功了！

一步一叩首，一苗一瓢水，一棵树就是一个娃。六老汉头发白了，4.2万亩荒漠绿了。

树活了，人也精神起来。乡亲们奔走相告：过去是沙子撵着人跑，现在是人把沙子赶跑啦！

"我爹给我交代了，
他说你死也死在八步沙！"

临近清明，正是林场最忙碌的季节。石满老汉的儿子石银山趁着休息的当口儿，静静地坐在父亲坟前，照例要和老头子念叨几句。

按照石满老汉生前的心愿，埋葬他的地方离祖坟很远，却能望见八步沙的林子。

"爹，好着呢，沙窝也给你管护得好着呢。"黝黑的西北汉子用手指了指身后的林海，"我们现在把北面的沙也治绿了，咱们的生态公益林场现在有 28 个人啦！"

十几岁的时候，石银山第一次去给父亲帮忙，父子俩在地窝子里守了个大年夜。"打那个时候起，感觉老爹就是为了八步沙生的，他就离不开八步沙。"

渐渐地，石满老汉的身体垮了。他把几位老汉请到家里，让儿子石银山给几位长辈端上一碗过年都吃不上的肉面条，再给各位老人一一敬酒。

就这样，石银山算是接过了父亲治沙的担子。

六位老汉不约而同，把种树的任务交到儿子们手中。

八步沙林场第二代治沙人石银山（右）在育苗基地察看云杉的长势

八步沙林场第二代治沙人贺中强

八步沙林场第二代治沙人郭万刚

　　贺老汉的儿子贺中强，原本不想应这个事。病中的父亲把他叫到床前，前后说了三回："我给你们什么都没有挣下，就挣下八步沙那几棵树。你去给我管理好，就算对得住我了。"

　　郭老汉的儿子郭万刚，想着干一段时间就回供销社去工作。

　　然而，一场突如其来的黑沙暴夺去了县里 20 多个大人孩子的生命，看着乡亲们悲痛的神情，他突然意识到：爹是对的，必须把沙治住，才能把家守住！

　　可是，林场的效益很差，濒临破产。有四五年的光景，大伙儿都是吃了上顿没下顿。六老汉的几个儿子商量着，要打一口井，种庄稼把林场盘活。

1998 年正月初八，马上要到水井竣工的日子，可打井设备的两根绳子拧到了一起，水泵无法正常工作。

　　当时，不到 30 岁的贺中强身强力壮，立马系好安全带下到了井里。刚刚剪开第一根绳子，意外发生了，另一根绳子缚着的 50 斤铁钩像脱了缰的野马，拽着他在 150 米深的井里上下乱窜。铁钩在水井内壁剧烈摩擦，火花四溅，差点儿带着他坠到深底。

　　冰天雪地，近 4 个小时，贺中强的生命危在旦夕。众人赶紧用绳子把郭万刚放下去，当大伙儿拼尽全力把两个人拉出来的时候，贺中强已经快要失去知觉了。

　　没过几天，井里的水像树上绽放的花一般，喷涌而出。

八步沙机井出水了，治沙人开心地笑了

六老汉中还健在的三个人和几个小伙子，兴奋得都喝高了。

贺中强笑着笑着又哭了。他想起在井下最危险的时候脑子里闪过的念头："老爹爹，我对不住您了，我连命都保不住了……"

越来越多的树种活了，糟心的事并没有减少。在这片广袤的林场上，"三分种，七分管"是个难题。

有个羊倌每天到林场放牧，程海老汉的儿子程生学见到了，就把他的羊往外赶。羊倌抄起手里的棒子，一棒又一棒打到程生学头上，程生学躺倒在地，忍着剧痛拖住他说："就算你把我打死我也不让你放牧。"直到其他人赶来，程生学都没有放手。

那之后，有人问过他怕不怕死。程生学没犹豫，挺着胸脯说："我没怕，因为我刚进来的时候，我爹给我交代了，他说你死也死在八步沙！"

八步沙林场第二代治沙人程生学

算到今年，郭万刚已经在林场干了 37 年，贺中强 28 年，石银山 27 年，罗兴全 17 年，程生学 15 年……

人生能有多少个 10 年、20 年、30 年，就这样与荒凉的沙与无声的树为伴？

贺中强每次看到沙漠上开出的红花、黄花，都会弯下腰仔细端详一阵。

"实在觉得太好看了。越干越舍不得，越干心越能静下来。"他说，"老父亲临终前把我交代给八步沙了，我就一定不能把八步沙丢掉。"

"我就要跟这沙杠上一辈子！"

从父辈的"一把草，一棵树"到如今的草方格，二代治沙人不断探索学习新的治沙方法。

2003 年，六老汉许诺的 7.5 万亩治理任务终于在二代治沙人的手里完成。

如今的八步沙，已经是一片树草相间的绿洲。梭梭、沙枣、红柳等沙生植物郁郁葱葱，勾画出一条绿色隔离带，阻挡着黄沙侵袭的脚步，环抱着 10 万亩井水滋润的农田。

是逃离一片荒漠，还是种下一片林海？是向贫瘠的土地低头，还是向贫困的堡垒宣战？

在治沙人心中，家园就是坐标，种树就是信仰。

八步沙第二代治沙人没有停下治沙的脚步，他们主动请缨，向腾格里沙漠风沙最为严重的黑岗沙、大槽沙、漠迷沙三大风沙口进发。

八步沙林场第三代治沙人郭玺

这一次出征，郭万刚把他的侄子郭玺带上了。穿过葱葱郁郁的八步沙，指着茂密的林海，大伯自豪地对侄子说："你看，没想到寸草不生的沙漠，我们栽了这么多的树，还能在这个地方生活下来！"

那是郭玺从外面打工回来，第一次认真打量家乡的林场。那成片成片的黄颜色的小花映着阳光，一下子打动了这个"85后"青年。

"南方的大海我没见过，但是我能在我们的沙漠里看见花海，是多么高兴的一件事呀！"

后来，郭玺又跟着张润元老汉去了一次林场。一场大雨过后，沙枣树、榆树苍翠碧绿。老汉站在一个沙丘上，落泪无语。

听着六老汉的传奇长大，郭玺知道，老人一定是想起了那些逝去的战友，那些在地窝子里度过的冰与火的岁月。

2016 年 5 月，郭玺正式来到林场，成为八步沙第三代治沙人。每天，他开着大卡车在沙漠里送水送草，浇树浇花。"开着挖掘机，在沙海中平田整地、开山修路，我心里充满了自豪。"

从一棵树到一片林，从无边荒漠到成荫绿洲，38 年如风而过，八步沙从此换了人间。

38 年来，八步沙三代人累计治沙造林 21.7 万亩，管护封沙育林（草）37.6 万亩。

奋斗者，天不负！

从最早的 6 个人到现在的 28 个人，农民联户组建的八步沙生态公益林场已成为带领当地群众脱贫致富的重要基地。

六老汉曾说：我就要跟这沙杠上一辈子！

如今，他们的故事仍在继续，他们的后人对家园的热爱与守望还在传承。八步沙人相信，有树的地方就有家园，有汗水洒下的地方就会萌发绿色的希望。

"八步沙的精神一定能让更多的沙丘变绿。"带着子辈、孙辈参观展览的张润元老人说。

三代治沙人合影

2019

河钢集团塞尔维亚公司管理团队

扫码看视频　　扫码看公众号

　　中国河钢集团与塞尔维亚斯梅代雷沃钢厂合作运营项目启动3年来，河钢集团塞尔维亚公司管理团队9名工作人员勇于担当、忠诚履职，把发挥中方企业营销服务网络优势与挖掘塞方企业内部潜力结合起来，使企业扭亏为盈、重获新生，成为塞尔维亚就业人数最多的企业和第一大出口企业。他们面对跨文化企业整合难题，因地制宜、善作善成，创造性提出用人本地化、利益本地化、文化本地化的海外经营策略，营造了中塞员工通力合作、共同奋斗的良好局面，促进了"中塞一家亲"。他们扎根异国他乡，自觉把个人追求融入党和人民的事业之中，艰苦奋斗、敬业奉献，展现了国企党员干部的责任担当和中国人民的良好形象。

> 全力打造'一带一路'建设样板工程!

《瓦尔特保卫萨拉热窝》《桥》《啊，朋友再见》，遥远国度的故事曾感动过一代中国人。"救活一座厂，改变一座城"，如今9个中国人的管理团队，在故事的发源地，带来友谊与希望。让我们听听这"一带一路"的故事。

曾经的塞尔维亚骄傲

一纸令人意外的调令，让他们的命运从此与万里之外的钢厂联系到一起。

"你的岗位调动定了。"2016年，时任河钢集团炼铁部部长赵军接到电话，被通知调往塞尔维亚。消息突然，赵军非常震惊，他根本没有想过去国外工作。领导说："你去就行了，这是河钢天大的事情。"同样收到调令的还有时任河钢唐钢副总经理的宋嗣海。宋嗣海的同事对他说："你上那儿去，这不跳火坑了吗？"

当时的河钢集团是世界第二大、中国第一大钢铁集团，"领先"已经成了河钢人的习惯，而9位收到调令的河钢精英并没有想到，他们被推上了一条充满挑战的赛道，即将接手一个老大难——斯梅代雷沃钢厂。

2003年起，这座钢厂接连遭遇坎坷，破产、出售、他国钢铁公司经营不善、政府1美元回购、产量急剧下滑、连年亏损等问题让所有员工忧心忡忡。

曾经的"塞尔维亚的骄傲"，变成了这座城甚至是这个国家的心病。一个靠救济、补贴苟活的企业，它还能有未来吗？2015年，时任塞尔维亚总理诚恳地希望由河钢集团接手钢厂。

"希望您救救我们，救救我们的企业，救救5000名员工，他们的子女需要上学、需要就业。"塞尔维亚现任总统、时任塞尔维亚总理武契奇对河钢集团董事长于勇说。

希望从中国来

2016年4月，河钢集团以4600万欧元收购斯梅代雷沃钢厂，成立河钢集团塞尔维亚公司。当地政府官员见到河钢董事长于勇就问："你们中国人来，能给我们带来多少钱？"于勇明白，给钱和挽救一个企业不是一个概念，这个企业需要的是先进的理念。

"我们为此熬了无数次夜，全体内阁成员付出许多辛劳。过去3年，一个个希望变成失望，最后，中国的合作伙伴给我们带来了真正的希望。"武契奇如是说。

刚进驻工厂时，厂里的现状泼了管理团队一头冷水：钢厂整体状况老旧、几近停产，大部分是 20 世纪 70 年代的旧设备，员工精神状态低迷。面对病入膏肓的钢厂，他们该开出怎样的药方？

同时面临的最大问题是信任。5000 多名职工想：这个工厂已经连续亏损 7 年，来了几个中国人，就能起死回生吗？塞尔维亚人心中充满了疑惑。

要让 5000 名职工有饭吃，首要任务就是恢复正常生产经营。有一座高炉废弃多年，中方团队组织人力在短时间内修复并运转。高炉运转后，当月产量就提高到 12.9 万吨，比当年上半年月均产量增长了近一倍。

在与塞方合作时，当遇到建议不被采纳、理念不被理解时，中方团队没有贸然命令塞方服从，而是把沟通工作摆在了第一位。

块矿是一种天然的炼铁原材料，可以在一定程度上替代高品质原料，降低成本。中方管理团队发现工厂还在按照几十年以前的工艺和流程进行生产时，提出能否在原料铁矿石中使用一定比例的块矿，这种在国内钢铁企业已经通行的做法却遭遇了质疑。

河钢塞钢初加工部门总经理瓦拉丹有着 26 年的炼铁经验，他第一个提出反对。

为了让瓦拉丹改变固有思维，理解使用块矿的意图和依据，赵军把他思考的过程画出来，一点点和瓦拉丹沟通，把配比的方程写出来一遍遍解释。

"赵先生总是会先询问我的意见，他从来没有命令我说：

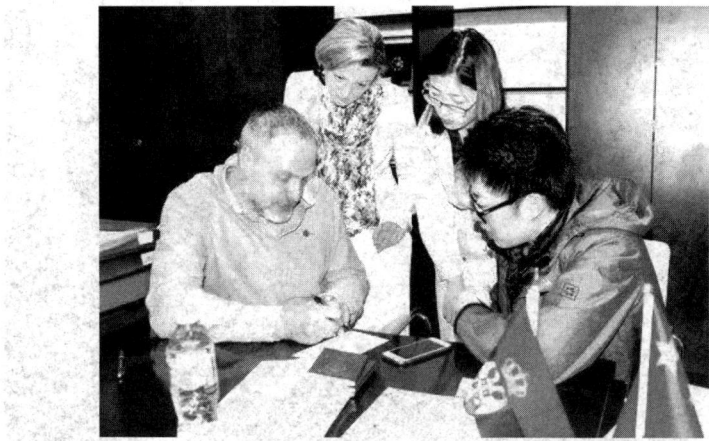

中方塞方同事一起工作

瓦拉丹，你这么做。"瓦拉丹这样说。

耐心的沟通和有效的尝试最终说服了塞方同事，新工艺降低成本的同时也提高了产能，创造出前所未有的效益。正是基于尊重和理解的沟通，中方团队与塞方管理层拧成了一股绳，志合心更合，山海不为远。

同时，河钢不遗余力，先后派出11批次、近200人的技术团队，深入河钢塞钢生产线对各系统、各工序存在的问题进行起底式专业诊断；全面对标欧洲先进企业，以"打造欧洲最具竞争力企业"为目标，组织河钢塞钢集团所属钢铁企业，完善技术、改造方案，制订整体发展规划；组建银团，为公司提供低成本项目融资，降低企业资金压力；发挥河钢国际的全球化优势，规模化采购铁矿石；充分利用河钢德高的渠道优势，在110多个国家开展商业活动，为河钢塞钢稳定原料供应、扩大产品出口提供了巨大支持。

在多方支持下，钢厂拧紧了全力运转的发条。收购不到半年，钢厂就结束了连续7年巨亏的局面，扭亏为盈，2017年产钢147.3万吨。

中方塞方同事一起工作

中塞一家亲

相比在企业生产经营上的突破，更难的是在跨国并购中赢得人心、赢得尊重。钢厂设立特困人员救助基金，按照以往惯例，这笔资金由工会说了算。当河钢塞钢提出收回管理权时，遭到工会的强烈反对。他们非常冲动，拒绝交付管理权。中方团队在详细了解当地法律法规之后，一方面坚持收回救助基金的管理权，另一方面和工会推心置腹地沟通。

经过长时间的谈判，最终，工会代表接受了中方做法。正是通过这次马拉松式的谈判，中方团队的理念获得了塞方的认可，而理念的融合也带来员工对企业情感上的认同。

米奇是河钢塞钢采购部第二原燃料科主任。15 年前他来到钢厂工作时，以为进入一家大型国企，生活就会无忧无虑，还买了块儿地计划盖一栋房子。然而此后钢厂每况愈下，十多年来，由于没有稳定的收入，没法儿向银行申请贷款，米奇始终无法完成房子的修建、装修等。巨大的生活压力让结婚9年的他甚至不敢下决心和爱人养育一个孩子。河钢集团的收购，让他兴奋不已。

"听着，我现在已经是塞尔维亚最大的雇主河钢集团的员工了，我想借一些钱，以便完成房子的装修。"米奇对银行说。

这一回，银行同意了。更令米奇高兴的是，他的女儿出生了，一切都变成了他梦想中欣欣向荣的样子。

2016年，在河钢塞钢接手后的第二个月，为了重整士气，公司为每人发放了奖金。

2018年，河钢塞钢给每名员工发放100欧元奖金。

不仅如此，由于钢厂起死回生，整座城市的面貌都明显改善，斯梅代雷沃的人口出生率已居全国第一。

中方团队创造性地提出"三个本地化"的海外经营策略，"用人本地化、文化本地化、利益本地化"。塞方员工有了归属感、安全感，才能心往一处想，劲儿往一处使。

这契合了"一带一路"倡议的"共商、共建、共享"原则。

编写公司杂志是河钢塞尔维亚公司公共关系经理米兰的工作之一，因为工厂效益不好，这本杂志处于半停刊的状态，而且内容都是管理层开会，几乎没有人喜欢。

在河钢塞钢成立后，他们决定重新编写杂志，杂志内容定位为讲述员工自己的故事，见证他们的改变和喜悦，从不刊发任何关于中国管理者的内容。

在《时代楷模发布厅》，米兰特意制作了一份特殊的礼物送给中方管理者，这是一份珍藏在心底的对中国人的信任和感激。

米兰说："你们做过的事情，点点滴滴，我们每一个人

米兰（左一）

都记在心里。"

在《时代楷模发布厅》现场，副总经理王连玺提着一件
特殊的礼物上来了，这是一位塞尔维亚同事手工制作的。他
用大小扳手来比喻中塞间的默契关系，这让中方团队也感受
到了员工的信任与认可。

"言必信，行必果"，他们不忘习近平总书记的嘱托，
三年磨一剑，打造"一带一路"的金名片，时刻与国家使命
保持同步。

钢铁报国，做"一带一路"建设最坚定的践行者，做积

极融入全球化发展的先锋模范。在塞尔维亚，他们就代表着中国！

"塞尔维亚永远也不会忘记中国和中国人民的帮助。"

——塞尔维亚总统亚历山大·武契奇

杜富国

扫码看视频　　扫码看公众号

中共党员，贵州湄潭人，陆军某扫雷排爆大队战士。入伍以来，他始终把忠诚和信仰刻在心中，把使命和责任扛在肩上，主动请缨征战雷场，苦练精练过硬本领，为人民利益和边境安宁挥洒热血，在平凡岗位干出了突出业绩。2018 年 10 月 11 日，杜富国随队参加排雷作业时，危急时刻冲锋在前，为保护战友身受重伤，失去双眼和双手。杜富国同志曾先后获得"全国自强模范"、"感动中国十大人物"、陆军"四有"新时代革命军人标兵等称号，荣立个人一等功。

> 　　假如再给我机会，哪怕一千次、一万次，我也会坚守初心，做出同样的选择。

　　2019 年 5 月 16 日，第六次全国自强模范暨助残先进表彰大会在京举行。

　　会上，扫雷英雄杜富国向习近平总书记敬上特殊的军礼，总书记左手握住他的手肘，右手轻拍其肩膀，向他致以亲切的问候。

　　面对危险，人的本能是逃离，可是却有人让别人逃离，把危险留给自己。

　　2018 年 10 月 11 日，面对危险的爆炸物，扫雷战士杜富国对身旁的战友说："你退后，让我来。"爆炸瞬间，他用身躯向右一挡，战友安然无恙，他却永远失去了双手和双眼。

　　爆炸发生地在云南省东南部麻栗坡县天保口岸，这里貌似不起眼，却有一个让人闻之色变的名字——坝子雷场。

"只有把这片雷区排除掉，边境线的百姓
才能过上幸福安稳的生活"

20世纪80年代之前，麻栗坡原是富庶的经济林区，种满了芭蕉、茶叶。

某次边境作战后，当地群众的承包地里留下了大量处于战斗状态的未爆品，它们威力巨大、位置不固定，边民耕种时被炸死、炸伤的事件时有发生。

2015年，扫雷大队成立了。杜富国得知消息后第一时间递交了请战书。当时，他的一名战友非常担心他的安全，劝他说："挖地雷特别危险，你要慎重考虑。"可是杜富国却有另外一番想法。这个出生在贵州遵义老区的边防战士是家中第一个穿上军装的人，他曾无数次倍感自豪地沿着革命先烈的足迹巡逻站岗，也曾十分痛心地目睹边民饱受雷患的悲惨景象。

"危险谁都怕，但我就是觉得光荣，能为百姓做些实事。"不久，他就将微信和QQ昵称改为"雷神"和"征服死亡地带"，并通过刻苦训练，以优异成绩通过考核，踏上了雷区。

扫雷大队来了，百姓争相给他们做向导；危险排除了，庄稼有了好收成。这些温暖的场面，在每一名扫雷兵心里都是一片美丽的风景。

杜富国感到，只有把这片雷区排除掉，边境线的百姓才能过上幸福安稳的生活。他在请战书里这样写道："当我了解到生活在雷区的村庄10年间被炸3次的惨痛经历时，我的

心情难以平静，我感到冥冥中这就是我的使命，一个声音告诉我——要去扫雷！"

"我只是像平常一样，干了一件平常的事"

扫雷作业通常采用火烧、诱爆等办法，需要先清理山上的植被，再对未爆品进行排除或销毁。但是麻栗坡县天保口岸上方的雷区更为复杂。

这里山高坡陡，雷区下面就是人流密集的口岸，也是"一带一路"重要的交通枢纽，一旦实施爆破就会有山体塌方，而且，拆弹机器人无法攀爬作业，只能进行人工排雷。

虽然雷区只有一个足球场那么大，但是扫雷大队每天都会发现几百枚爆炸物。其中，脸盆大小的反坦克地雷可以瞬间把一辆坦克炸成碎片。

来到扫雷大队的 3 年多时间里，杜富国排除各种未爆品多达 2400 多个，堪称扫雷队的尖子。

2018 年 10 月 11 日那天，扫雷大队去坝子雷场执行任务。面对一枚杀伤力极大的加重手榴弹，杜富国对战友艾岩说："你退后，让我来。"

艾岩刚走出 2 米，爆炸就发生了。杜富国满脸是血，双手被炸，地面上依稀可见的只有迷彩服残破的碎片。

一个多星期，杜富国昏迷不醒，醒来的第一句话却是："艾岩怎么样？"

病房里，只有战友们啜泣的声音。杜富国又接着说："你们别害怕，我没事，扫雷的工作你们替我继续完成吧。"

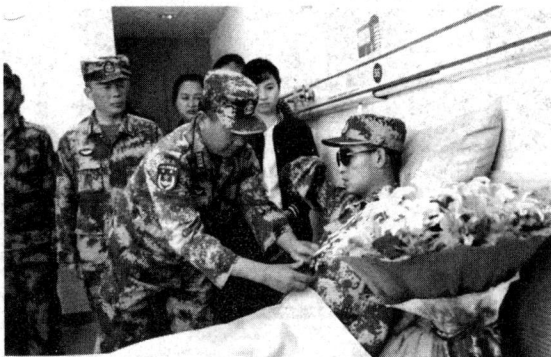
杜富国在病床上的照片

27 岁，正是青春绽放的年华。在命悬一线的瞬间，这个年轻的战士为什么能发自本能地成为舍己救人的英雄？

部队从一些记录日常训练的照片中找到了答案。"当我们仔细去看这些照片，才发现富国说出那句'让我来'并非偶然。"杜富国曾经的分队长李华健说，"他平时生活和训练都是如此，什么都抢着干，什么苦活儿脏活儿累活儿都主动承担，别人搬一箱炸药，他自我加压搬两箱，这些都是他的真实瞬间。"

照片中，有一张记录的是 2018 年夏天扫雷大队参加泥石流灾害救援行动。杜富国发现一所学校楼顶上站着好几个孩子，他毫不犹豫地冲过去，把他们全部抱到安全地带。

另一张记录的是大队成立以来第一次遇到反坦克地雷，杜富国作为队里首屈一指的能手很自然地上前一步："你们都退后，让我来。"照片定格，他拿着刚排除掉的地雷，满是汗水的脸上笑容绽放。

英雄的出现从来不是偶然，杜富国的身旁还站着很多像他一样的人。杜富国说："刚刚来到扫雷大队的时候，我有很多不懂的地方，那时候老班长和其他干部骨干都会主动教

杜富国参加泥石流救援

杜富国拿着刚排除的地雷，笑容绽放

我们，在遇到危险的时候，他们也经常说，'让我来'，这句话其实就是一个口头禅，是我们扫雷大队的传统。所以我只是像平常一样，干了一件平常的事。"

"如果有机会重新选择，我还会说'让我来'"

既往没有类似病例，教科书上没有现成方案——杜富国负伤后的功能障碍曾让国内顶尖专家束手无策。亲人和医护人员一直不敢告诉他：失去双眼和双手，他今后的生活完全不能自理。没想到，得知真实情况后，杜富国沉默了一分钟，只说了一句："都这样了，还是要坚强面对。"穿衣、吃饭、走路、洗澡……以前很容易的事都变得非常吃力。他忍受着针扎般的伤口疼痛，还有千百次尝试后失败的滋味。

2019年2月，杜富国第一次用辅具吃到了第一勺蛋炒饭。这距离他第一次学习吃饭已经过去了整整两个半月。他用重达3斤的肌电假肢每天练习抓取重物，他甩着两只空荡荡的袖管同战友们跑步，他以常人难以想象的高强度训练加速康复……他又让人们看到了一个冲锋在前、永不言败的英雄形象！"我会乐观，会坚强，因为我是一名军人，是一名曾经直面生死考验的扫雷兵。"

面对社会各界对他的关心与掌声，他笑得淡然，目光坚定："请大家放心，虽然失去了双手，但是我还有双腿，还能够继续为梦想奔跑，你们的扫雷兵杜富国还在！"

扫雷大队的战友们也给富国送来了一份儿特殊礼物——2018年11月16日，他们用手拉手、徒步检验的方式，把最后一块扫清的雷场移交给当地百姓。昔日的"死亡地带"变回良田沃土，已经种满芭蕉、茶叶、玉米、草果等各类经济作物。

和平年代，奉献与牺牲更显英雄本色。战友们再一次全员递交请战书，主动申请到新的雷场执行任务，没有一人退缩、没有一人掉队。

一份份请战书，是战友们对富国的承诺。这些朝夕相处的兄弟，已经走出富国负伤后的迷茫，要替富国去完成他的心愿。

"为人民扫雷！为军旗增辉！"临行前，战友们帮助他完成了一次特殊的归队仪式，一同喊出那撼天动地的口号。双眼依旧蒙着纱布，富国的脸上，有泪，那是好男儿不轻弹的泪，无声地说出他从未更改的誓言。

他说："如果有机会重新选择，我还会说'让我来'，因为我是一名军人，一名扫雷兵！"

张富清

1924.12—2022.12

　　中共党员，陕西洋县人，原西北野战军 359 旅 718 团 2 营 6 连战士，在解放战争的枪林弹雨中九死一生，先后荣立一等功三次、二等功一次，被西北野战军记"特等功"，两次获得"战斗英雄"荣誉称号。1955 年，张富清退役转业到湖北省最偏远的来凤县工作，为贫困山区奉献一生。60 多年深藏功名，一辈子坚守初心、不改本色，事迹感人。在部队，他保家卫国；到地方，他为民造福。他用自己的朴实纯粹、淡泊名利书写了精彩人生，是广大部队官兵和退役军人学习的榜样。

> 和我一起并肩作战的战友，有多少都牺牲了。他们的功劳，比我要大得多。比起他们来，我有什么资格'摆'自己啊！

有什么秘密，要对家人隐瞒60多年？有什么坚持，让这个普通离休干部依旧住在30多年前的老宿舍？

一颗感恩心，深藏功与名。60多年的风风雨雨，从人民功臣到人民公仆，他从不愿躺在功劳簿上。时光让人老去，但在岁月面前，老兵从未弯腰。

最近几个月，湖北省恩施州来凤县，这个地处于湖北、湖南、重庆三地交界的小山城，因为一位老人出了名。他的名字，上了网络热搜。

2018年12月，来凤县退役军人事务局对全县进行信息采集，在来凤县巡察办工作的张健全，记得父亲曾有当兵的经历，于是在家里的旧皮箱中寻找父亲的过往材料。

这个旧箱子，颜色几乎变了，皮扣已经断掉了，是用线

箱子

箱子内物

勉强缝起来的，里头翻出来一张报告书、一个立功证书、三枚奖章。

如果时光可以被浓缩收纳，他人生中最壮烈也最自豪的生命段落，都封存在那只旧皮箱里。如同时光宝盒打开，硝烟、战火、轰鸣……铁与血的气息从中升腾，弥漫在老兵简陋的家。当时的张健全还不清楚，这些从陈年旧皮箱里拿出来的

勋章

材料意味着什么，他只是按照要求交给了退役军人事务局。

当红色包裹打开，露出勋章，上面写的是"人民功臣"。工作人员一下子愣住了，只是一次普通的采集，他根本没想到会发现这么一个大英雄。得知这样一位战斗英雄就在身边，整座山城轰动了。然而，更令人们感到意外的是，张健全和家人也是此时才得知，95岁的父亲张富清曾经是一名战斗英雄，这个秘密，张富清竟然对家人隐瞒了60多年。

在中央广播电视总台《时代楷模发布厅》，说到这儿，张建国还记得刚知道真相时的惊讶。原来，在贫困山区干了大半辈子的父亲，还有不为人知的一面。

在战争年代打先锋、当突击队员，难道他就真的不怕死吗？在和平年代哪儿艰苦他就往哪里去，难道他就真的不怕苦吗？张建国一度不理解父亲。虽然张富清从不提起任何自己战斗的往事，但这张彭德怀签发的《报功书》上，记录了359旅718团2营6连张富清荣立的特等功，那是属于他的光辉岁月。

当时他所在的718团，4000余人中只有39人获特等功。尘封60多年的历史终于被揭开，这些凝聚着鲜血和勇气的赫赫战功，第一次曝光在世人眼前。街坊邻居眼里的张富清，是慈眉善目的，脸上常挂着微笑。整个来凤县，几乎无人知道他的战功。县巡察办主任邱克权翻阅了来凤县志，没有找到相关记载。

"如果有这么大的一位革命英雄，怎么可能没有人知道。这个事情会不会是一个乌龙事件，或者说里面会不会有误会？"第一个采访张富清的记者张欧亚产生了一连串的疑问。

闻讯而来的记者，再三核实张富清的经历是否属实。调查后，记者意识到了英雄的分量，这三枚军功章记录了他的九死一生：他多次充当突击队员，做前锋，打头阵。

　　永丰战役中，战斗异常残酷。因为伤亡，仅一天时间，第718团1营换了3个营长，6连则一夜换了8个连长。作为突击小组，张富清和两个战友一起，在深夜里开始行动，他第一个带头跳下4米多高的城墙，突击队就是敢死队，基本上是要牺牲的。

　　在双方密集的火力交锋中，他逼近敌人碉堡，把8颗手榴弹埋到地下，上边放上炸药包，手榴弹弹环一拉，把碉堡炸毁了。战斗持续到天亮，张富清炸毁了2座碉堡、缴获2挺机枪。这时他已满脸流血，一摸头，发现一块头皮被炸得很高。永丰城收复，他死里逃生，但突击组的另两名战友却已牺牲。采访时，素来平静的张富清止不住流泪，每一次流泪，都是因为提起牺牲的战友。

　　至今，战争的伤痕还留在他身上，被燃烧弹烧焦皮肤，被子弹划开头皮，被冲击波震落大牙——没有经历过战争的人难以想象。他一年四季都戴着帽子，不是因为怕冷，而是因为头部创伤一变天就痛。1955年，张富清退伍转业，与那段峥嵘岁月最后一次合影。

　　被西北野战军记"特等功"、军一等功一次、师一等功一次、团一等功一次，两次获得"战斗英雄"荣誉称号，这些功勋被他封存起来，无论顺境逆境，他淡然处之，将英雄过往就此湮没在岁月里。作为战斗英雄和中央军委培养高级干部学校的学员，他本可以有多种转业选择，留在大城市工作。

张富清戴上勋章留影

只因为一句"祖国需要你",张富清主动选择来到来凤,这是湖北省最偏远的县。

从人民功臣到人民公仆,他放下枪和功勋,默默地在最基层劳作。以突击队员的精神,他辗转在粮食局、三胡区、卯洞公社、外贸局、建设银行工作。

昔日战场的峥嵘岁月虽已远去,但军旗下许过的铮铮誓言已被他镌刻在心。1975 年,51 岁的张富清调任来凤县卯洞公社任副主任,他一头扎进更偏远的高洞管理区。这里不通电、不通水、不通路,山连着山,村民的物资上不去,山货下不来,不仅吃饭成问题,连日常出行都充满危险。

要致富,先修路。他四处奔走、申请报批、借钱筹款、规划勘测。白天拿着锄头和大家一起修路,晚上就住社员家的柴房,铺点儿干草席地而睡。这条长约 5 公里的路,有至少 3 公里在悬崖上,只能炸开打通。谁都没有修路的经验,炸药用不好还可能出人命,当时年过半百的张富清又是第一个站了出来。

张富清攻城拔寨打先锋,那个战场上的他仿佛又回来了,肩挑手扛，硬是在那绝壁上修出一条路。路通了，乡亲们的物资到了，日子一天天好起来。

其实，张富清的家庭当时"不成样子"，在那个年代，向组织打个欠条，缓解一下家庭困难，是非常普遍的事情。时任镇长向致春去查账，从干部到百姓，谁都有借款的欠条，可张富清没有一张欠条。在申请福利的名单里，也从没见过张富清的名字。

20世纪60年代，张富清任三胡区副区长，几十元的工资要养活一家6口人。时逢三年经济困难，国家开展精简退职工作，分管这项工作的张富清首先动员的竟然是妻子。

妻子孙玉兰在供销社上班，在吃不饱肚子的年代，那可是个好单位。

于是，孙玉兰下岗，当保姆、喂猪、捡柴火、做衣服……为了贴补家用，这个副区长的妻子只能打零工。

张富清的一生正如他的名字：富足于精神、清廉于物质。当了30年的公务员，张富清对待自己和家人十分严苛。4个子女没一个在父亲的任职单位工作过，他一家还住在20世纪80年代初建成的建行宿舍，旧白墙已呈现斑驳的青色。5层楼里唯一的旧木窗就是他的家。

很难想象一位离休干部的家是这样的：用了30多年的竹椅、木桌，陪了他60多年的满是补丁的搪瓷缸……他把生活需求压缩到极限，这个家极为朴素，但被他收拾得整洁如军营，衣物用打背包的方法整齐地捆着，好像随时出发行军。

88岁时，张富清的左腿被截肢了。医生曾估计，他的余生就在床上或轮椅上度过了。可安上义肢之后，他竟然能在如此高龄奇迹般地站起来。靠着在战场上淬炼出的意志，如今，张富清已经可以自由走动，有时还会亲自买菜下厨，给老伴儿炒几个菜。

英雄无言，深藏功名，60 多年的风风雨雨，他把军人的血性与忠诚书写在了家国的历史长河中，始终坚守那颗从未改变的初心。在部队，他保家卫国；到地方，他为民造福。

青山处处埋忠骨，何须马革裹尸还。那些为了新中国而壮烈牺牲的英魂，我们不会忘；身经百战却隐藏功名的活着的英雄们，我们更不会忘。

在隆重庆祝中华人民共和国成立 70 周年之际，中共中央宣传部决定，授予张富清同志"时代楷模"称号。中宣部副部长梁言顺专程从北京赶到来凤，在张富清疗养的医院为老

张富清敬礼

人完成了颁奖。

　　中共中央总书记、国家主席、中央军委主席习近平对张富清同志先进事迹作出重要指示强调，老英雄张富清 60 多年深藏功名，一辈子坚守初心、不改本色，事迹感人。在部队，他保家卫国；到地方，他为民造福。他用自己的朴实纯粹、淡泊名利书写了精彩人生。

黄文秀

1989.04—2019.06

扫码看视频　扫码看公众号

　　中共党员，广西田阳人，壮族，生前是广西壮族自治区百色市委宣传部干部。硕士研究生毕业后，黄文秀同志自愿回到百色革命老区工作，主动请缨到贫困村担任驻村第一书记。她时刻牢记党的嘱托，赓续传承红色传统，立下脱贫攻坚任务"不获全胜、决不收兵"的铿锵誓言。她自觉践行党的宗旨，始终把群众的安危冷暖装在心间，推动实施百坭村村屯亮化、道路硬化和蓄水池修建等工程项目，带领群众发展多种产业，为村民脱贫致富倾注了全部心血和汗水。2019 年 6 月 17 日凌晨，黄文秀同志在突发山洪中不幸遇难，献出了年仅 30 岁的宝贵生命。黄文秀同志被追授"全国三八红旗手""全国脱贫攻坚模范"等称号。

> 这里是脱贫的主战场，我有什么理由不来呢？共产党是为群众谋幸福的党，我是一名党员，这是我的使命。

中共中央总书记、国家主席、中央军委主席习近平对黄文秀同志先进事迹作出重要指示表示，黄文秀同志不幸遇难，令人痛惜，向她的家人表示亲切慰问。他强调，黄文秀同志研究生毕业后，放弃大城市的工作机会，毅然回到家乡，在脱贫攻坚第一线倾情投入、奉献自我，用美好青春诠释了共产党人的初心使命，谱写了新时代的青春之歌。广大党员干部和青年同志要以黄文秀同志为榜样，不忘初心、牢记使命，勇于担当、甘于奉献，在新时代的长征路上作出新的更大贡献。

2019年，是中国共产党建党98周年，今天，带你认识这九千万分之一的她——一位平凡而又伟大的青年共产党员。

年轻、漂亮、爽朗、阳光，壮族姑娘黄文秀很爱笑，她是一名活跃在扶贫一线的第一书记，有人说中国农村是"3亿人离家的世界"，可她说"走出去后，总有人要回来"。她一步步跳出农门，本有机会留京或出国，可这个北京研究生又回到大山。

她爱美、爱网购，期待恋爱、结婚、生子。她送母亲一个手镯，刻着"女儿爱你"；父亲身患重病，做完手术出院后，她搂着闺蜜哭了一场："要赶紧嫁了自己，好让父亲安心。"然而，一场灾难让她离家人远去。本以为只是一次再寻常不过的分别，可这一面竟成永别。

"晚上有暴雨，现在回村不安全，明早再回吧。"6月16日晚，父亲劝文秀别赶着回。"明天一早要开会，怕赶不及。"

黄文秀
今天恰好是父亲节，这算是老头子的父亲节礼物吧，节日的意义在于纪念，同时又要懂得反思和总结！每年定期带家人做次体检吧，尤其肝功能这一块，平时自己也可以买鸡骨草、岩黄莲煮水喝，随着年纪的增长，身体不再是吃顿好的早睡一点就能恢复了。

2019年6月16日 12:47   时代楷模发布厅

黄文秀最后一条朋友圈

这是她看望病父后留下的最后一句话。她的最后一条朋友圈发的是父亲节礼物，发誓要"每年定期带家人做次体检"。

消失在雨夜

同事们的劝阻，父亲的挽留，都没留住黄文秀。连日暴雨，村里的灌溉水渠被冲断，为了尽快解决灾情，她得赶上第二天的扶贫工作会议。独自一人开车，她突遇山洪暴发。微信群里，她的一条条求助信息令人揪心："我被山洪困住了""前面有一辆车消失了""请为我祷告吧！"……

6月17日凌晨1点，她将赶路途中拍下的山洪视频发给了哥哥。当时，交警队副大队长席道怀恰巧经过，文秀向他和其他交警求助。

席道怀将文秀安顿在警车上，他驾驶文秀的车在前头开路，当他把车开到安全地带，却发现文秀乘的车没跟上来。文秀的电话无人接听，席道怀在车上的同事也不接电话。此时，席道怀隐隐产生了不祥的预感。原路返回，他发现路面塌方、一片狼藉。救援人员在下游河道发现了文秀的遗体。

文秀妹子，一路走好

"30岁，太年轻了！"人们痛惜于她美丽而短暂的生命："她失约了……"村民含泪送她。文秀曾和同事们约定：对脱贫攻坚这条"长征路"，不获全胜，决不收兵。她无愧约定，却留给我们一辈子思念……很多人不理解她：好不容易从大山出去，何苦还要回贫困村折腾"苦差事"？为何不让自己美美的，活得舒服些？青春正盛的岁月，她放弃繁华、选择泥泞；她反哺家乡、有情有义。

因为亲身体会过艰辛，才对百姓苦感同身受，把自己深深扎进泥土，才能把理想高高举起。这一批年轻扶贫干部的时代责任，就是将自己的青春与热血，与中国最真实的基层碰撞、交叠和融合。

来不及说一声再见

蒋丹丹是文秀的好闺蜜，曾约好一起买房做邻居。文秀也喜欢长发披肩、长裙飘飘，丹丹曾陪文秀买过一条鱼尾裙。但选择驻村，意味着与这些远离。

她收起裙子，脱下高跟鞋，换上运动装、雨靴，戴上草帽，披肩长发扎成马尾，那个爱美的文秀变得"土气"了，人也晒黑了好几圈。

整理她的遗物时，蒋丹丹发现，去年买的那条鱼尾裙连吊牌都没摘，她在农村工作的这 1 年零 82 天，从没有机会穿上这条新裙子。我们能够想象，她若穿着那条鱼尾裙，会多么漂亮。

"几天前，文秀说我们村脱贫攻坚战的效果不错，全村只剩下 2.7% 贫困人口，过段时间我们全村脱贫了，一起开个庆功会吧。当时她还在我们一个农民家里，买了一些酒，酒买好了，可是她却不在了。"广西乐业县百坭村村支书周昌战说。

初来乍到，"我还不够勇敢"

在暴雨、闪电和山洪中，为什么这个文静的姑娘急着赶回去？这个让她一刻也放不下的百坭村，究竟是什么让她如此牵挂？百色是全国脱贫攻坚的主战场之一，百坭村是百色战场上那座最难啃的山头。

这里离市区 200 多公里，石山林立，山路蜿蜒，每逢雨季，山洪暴发，物资上不去，温饱都难以维持。工作中的苦，文秀很少向家人说。2018 年 3 月，她从市委宣传部下村，任百坭村扶贫第一书记。

对这个年轻漂亮的村里首位女性第一书记，村民们质疑声不断："莫当真，女娃娃，'镀镀金'、走完过场就回城。"这让她心里憋屈，她搞不懂为什么自己翻山越岭、走街串户，老百姓却对她这么排斥……深夜一个人驻村形单影只，困难远超出她的想象，迷茫和困惑挥之不去。"我还不够勇敢"，她在日记中反省自己。

"有一天晚上，秀给我打电话，她哭了，因为异地拆迁，老百姓不乐意，有百姓说：'我这一直住得挺好的，怎么你一来，这房子就不能住了。'秀自己特别委屈，在我这儿大哭了一场。"黄文秀同事严彬航说。

"女娃娃还真是难缠得很哩！"

扶贫不能摆花架子，如何才能消除跟村民的"距离感"？

黄文秀和老乡们打成一片

她拿出了山里人的拧劲儿，白天上门走访，村民不搭理，她就扫院子、摘砂糖橘、收玉米、种油茶，一边干农活儿一边商量脱贫计策。从不喝酒的她甚至会主动带上酒，和老乡们坐在一起叙叙家常。

为了敲开贫困户的大门，走进贫困户的心门，文秀学会了当地农民的桂柳话，端起了满是茶渍的搪瓷缸，喝上了略显浑浊的玉米酒。不少贫困户慢慢地接受她，开玩笑说："女娃娃还真是难缠得很哩！"

文秀找来技术员改造，让老乡家的砂糖橘大丰收，一年内产量由6万多斤涨到50多万斤，8户人家的那用屯，有6户靠砂糖橘年收入10万元以上。她带着大家修路、安路灯、建蓄水池，在村里走夜路不再需要打手电。村里有88户418人成功脱贫，贫困发生率从22.88%下降到了2.71%。村民亲切地称她为"文秀姑娘""文秀书记"。

留京或出国，都不是她想要的

"我心中的长征，驻村一周年愉快。"这是文秀生前的一条朋友圈，那天她的汽车里程数正好增加到25000公里。

有坚强也有乐观，有脆弱也有彷徨，她有着和所有年轻人一样的爱与追求，但当她放弃大城市回到山沟沟，她又有了不一样的执着与坚守。她本可以留京或出国，为什么要重回大山？

昨日的出发，是为了更好的归来。在老师眼里，她文静、谦和、善良，在同学眼里，她成绩优秀，任职颇多，每年暑假，为了节省车费，她很少回家，可领取贫困补助时，她总把名额让给他人。

临近毕业，她的大多数同学都留在北京当老师，她本可以有很多选择，留京或出国，然而她却与众不同，决定重回大山。她考上选调生，分配到百色市委宣传部。就在大家以为她将在市委机关稳定时，她再次做出谁都想不到的选择：到最贫困的地方去。然而所有人都不知道的是，当时的文秀母亲患先天性心脏病，父亲也身患重病。

在《时代楷模发布厅》的节目现场，中宣部副部长梁言顺为她颁发奖章和证书，请文秀的父亲和姐姐代领。文秀的父亲强忍悲伤，嘶哑地说："她坚持回到爸爸的身旁，做出来给爸爸看，给爸爸满意，今天她做到了。"

这慰问金，不能要

住在毛坯屋里，外墙裸露着红砖，二楼甚至连门窗都没安。文秀家2016年才脱贫，但仍十分困难，好不容易家里出了个大学生、公务员，可在病榻前给父亲喂药的女儿，转眼已是阴阳两隔，体弱多病的双亲难以抑制失去女儿的悲痛，却再三婉拒各级政府给予的慰问金。

在女儿的追悼会上，面对泣不成声的亲属，悲痛的老父亲声音颤抖却字字铿锵："勇敢面对！勇敢面对！"贫困的农家却有高尚的家风，文秀靠着扶贫资助才得以完成学业，这让她心怀感恩，期待能回报这片土地。生于百色，长于百色，走出百色，回归百色，如今，她长眠于百色。

那些未曾实现的遗愿

文秀床底下有一箱羽毛球，那是她自掏腰包给村里的孩子们买的，还没来得及送出去；一把吉他放在桌旁，让百坭村的孩子们看看外面的世界，是她一直的心愿。山村的笑声越来越多，她仿若一把高高举起的篝火，点亮了山里人的未来。

朋友们发起网络募捐，善款将用于实现文秀的心愿，建幼儿园、村务服务中心；她的父母也是大家的父母，2016届广西定向选调生决定，每人每月从工资中拿出5~10元，赡养文秀的父母。

斯人已逝，但仿佛文秀并未走远，只是换了一种方式，用爱继续守护她热爱的故土。

1年零82天，她是这个时代的实干者，也是坚守初心的梦想家。她是穿行于峰丛沟壑的一列火车，送走的是迷茫，带来的是希望。"扶贫之路只有前进没有退路。""让扶过贫的人，像打过仗的人那样自豪。""到祖国最需要的地方去，脚上沾有多少泥土，心中就有多少责任。"这真切的、滚烫的、不灭的初心，在危险靠近的时候，选择向着自己牵挂的群众

年轻干部以青春之名，以党员初心，宣誓

前进，烫红了村民的双眼。

擦干眼泪，希望我们都记着她的笑，怀念她，是为了延续她的遗愿。在《时代楷模发布厅》的节目现场，文秀的小伙伴们站了出来，5 名应届毕业的选调生当众宣誓，以青春之名，以党员初心，宣誓。

100 年前的 1919 年中国共产党的创始人之一李大钊曾写下诗篇：以青春之我，创造青春之国家、青春之民族。100 年后的 2019 年，文秀说，做人要有价值，不能光为自己活，还

要为民族活、为国家活。

一代人有一代人的担当。脱贫攻坚是一场没有硝烟的战场，在遍布大江南北的中国大地上，有千千万万个黄文秀在奔赴这个战场，他们扎根基层，远离家人扶贫，只因相信共同富裕就是"一个都不能少"。

信念与初心，热血与青春，跋涉与牺牲，对于这些人，不能忘，不可忘，不敢忘。文秀，我们想你。

2019

余元君

1972.09—2019.01

　　中共党员，湖南临澧人，生前是湖南省水利厅副总工程师兼洞庭湖水利工程管理局总工程师。他不忘初心、牢记使命，从事水利工作 25 年，为根治洞庭湖水患倾尽一生；他严谨务实、勇于创新，科学统筹生态保护与治理开发，始终保持创业激情和奋进状态；他干净办事、清白为人，经手大量资金项目，从来不谋私利不徇私情；他甘为人梯、培养青年，以功成不必在我的精神境界，带出了一支专业化水利工作队伍。2019 年 1 月 19 日，因连续多日高负荷工作，殉职在水利工程施工现场，年仅 46 岁。

> 老一辈的洞庭人，骑单车、划小船，用双脚丈量洞庭湖，用双手绘制工程图，给我们做出了榜样。今天，守护好一江碧水的重担，历史性地落到了我们肩上……时刻记着，我们是洞庭人，要为洞庭湖谋长远。

"先天下之忧而忧，后天下之乐而乐。"我们从中学课本中学过的名句，是范仲淹在八百里洞庭湖写下的。

洪水猛于虎，洞庭湖调节蓄洪，保佑着武汉三镇、江汉平原，一次次挺过长江洪峰，这背后，有一群水利人的付出。

同事眼中，他在生活上是最好打交道的人；但他在工作上很苛刻，是大家最"怕"打交道的人。他是个"狠人"，同事说，他从没请过 3 天以上的假，经常会凌晨三四点还在发文件，他总说自己是农民的儿子，身子硬、底子好、抗折腾。

生死相依，他生在洞庭湖边，长在洞庭湖边，他将一生交付给这变幻莫测的波涛，与时间赛跑，与自己较劲儿，一生为湖区筑起坚固长堤而努力，直到生命的指针停在洞庭湖

边。他是湖南省水利厅副总工程师、湖南省洞庭湖水利工程管理局总工程师余元君。

靴子还带着泥水，他倒在工棚

如果生命只剩下3天，你会如何度过？在生命的最后3天，余元君辗转六地，处理5个水利工程项目会议。2019年1月19日，星期六，他出差的第3天，他答应了妻儿早点儿回家，庆贺儿子期末考试全科得"A"。

湖南冬天降雨多，长沙又潮又冷。他急啊，迫切希望工程能够完工，他刚看过的大通湖东垸分洪闸，因为天气原因，施工进度有些滞后，闸门还没有安装，如不能赶在4月1日前安装完闸门，一旦汛期来临，洞庭湖水位上涨，垸里32万亩土地、12万百姓都有可能遇到洪水侵害。这一天，他来到钱粮湖分洪闸，天气湿冷，飘着小雨，他踩着泥塘去工地勘察项目，再回到简易工棚开会，这对他已是常态。

然而，在会议接近尾声时，意外发生了。伴随一阵剧烈

余元君（左二）在简易工棚开会

洞庭湖

的身体不适，他感觉像呛了一口气，原本笔直的身子突然一塌，手把胸口捂住，瘫下去的他扭头跟同事说："帮我开一下窗户，我有点儿不舒服。"同事问他要不要躺着休息，他点点头说："躺着，要得。"120救护车随即火速赶到，医生全力抢救。还是没能留住他的生命。余元君脉搏变弱，呼吸变浅，同事张彦奇一直攥着他的手，直到他的手渐渐变凉。余元君的生命定格在了46岁，脚上穿着的还是那双旧运动鞋。

"躺着，要得。"这是余元君留给世间的最后一句话。在3天满负荷运转后，他与洞庭湖仓促作别……最后3天浓缩的是他25年的工作常态，他负责洞庭湖区水利工程建设管理。

洞庭湖是湖南人的母亲湖，从明代开始就流传这样一句话："湖广熟，天下足。"洞庭湖区有1000万人、1000万亩耕地，一旦洪水涨上来，这些都可能会覆灭。从某种意义上讲，中华民族的历史，其实也是一部治水史。潇湘百姓曾为水患所害而苦不堪言，1998年洪水，大雨倾盆，遮天蔽日。浊浪腾空，屋舍倾倒。黄洪肆虐，一泻千里。万里长江，险在荆江，难在洞庭。治水、救民，便是余元君的人生目标。

他明白，治理洞庭湖，不是政绩工程，不是短期行为，非一朝一夕之功、一人一生之劳可至。洞工局总工、省水利厅副总工、分管工程处，这三项工作过去分别由三人担任。余元君深知这些工作不仅工作量大，而且责任大、难度大，但他没有推辞。他不能退缩，因为他身后是千万百姓的安危。

18 年的长厮守落空

《时代楷模发布厅》录制那天，余元君的妻子哭成了泪人。妻子眼里，他是个很浪漫的人，当年还特别花心思地去追媳妇，每天下班后都陪媳妇吃饭、逛街。后来妻子才知道，余元君分秒必争，晚上送她回家后，还经常赶回办公室"开夜车"。

婚后，他越来越忙，陪不了妻子，2003 年结婚纪念日，他突然说："老婆，我带你出去走走吧。"结果他带媳妇去了常德，租了一艘船，游洞庭湖。他一直滔滔不绝地介绍，这是什么堤、哪一年修的、多宽、多深，许多数据脱口而出。妻子发现，他讲得特别自豪，整个人神采奕奕，眼睛放着光。以前妻子还会抱怨丈夫工作忙，但就在那天，妻子什么都理解了。

世间最动人的告白，不过是余生漫长的陪伴。可如今只徒留妻子那句来不及说出的"我爱你"。丈夫猝然离世后，妻子黄宇写了封信，在《时代楷模发布厅》，这封信以及两人的爱情呈现在舞台上，让人们为他们 18 年的厮守流泪。

元君，昨晚我又梦到你了，梦里的你瘦了，你和

孩子在篮球场挥汗如雨，孩子笑得那么灿烂……我总是忍不住想你，我总觉得你没走，你只是出了一个很长、很远的差……元君，这么多年了，咱们聚少离多，就连咱们一家三口的合影也只有10年前拍的那两张全家福。你总是说以后日子还长，不用着急。可是我万万没想到，咱们18年的夫妻情就永远定格在了2019年1月19日那一天。

噩梦般的消息突然降临，远在岳阳的你，到底怎么了？在赶往岳阳的路上，天崩地裂的消息接踵而至，迎接我的不是你的病体，居然是你的灵柩！我蒙了，泪水如奔涌的洪水，为什么？为什么？元君，为什么你说走就走，为什么你连一句话都没有给我们娘儿俩留下？

是啊，你没有留下一句话，可是你留下了那么多宝贵的治湖经验和技术，你说过你是洞庭湖的儿子，一生治湖，用一辈子保三湘四水安澜，你用生命守护着洞庭，你做到了，可是你却没有做到与我们母子相守一生。

元君，我想你啊，我多么想在你耳边再唠叨唠叨，我多想能再和你吃一顿团圆饭，我多想听你夸我做的菜好吃，多么多么想你再抱抱我和儿子！

元君，你知道吗？在你的追悼会上，咱们儿子一滴眼泪都没掉。他说："爸爸说过，他不在家，我就是男子汉，要做家里的顶梁柱，要照顾好妈妈。"

我听到这儿，忍不住抱着儿子痛哭了一场。元君，咱们的儿子怎么那么像你啊，爱读书像你，坚强懂事像你，那要强的性格更像你。

元君，我亲爱的丈夫，我好爱你，我和儿子想你，我们永远想你！

他是洞庭湖的儿子，一生治湖，保三湘四水安澜——他做到了，可他却没做到和妻儿相守一生。他正给儿子编的奥数辅导书不可能完成了……生命定格在尚未完成的那一瞬间。

一个"土包子"的逆袭

湖南大旱，庄稼无收，百姓吃了上顿没下顿，他出生在洞庭湖旁的清贫农家，一遇到干旱或洪涝，家里就颗粒无收。1990年，他考入天津大学水利系，希望能改变家乡"靠天吃饭"的落后状况。

1996年，余元君进入洞工局工作，就此把下半生献给浩浩汤汤的洞庭湖。他给领导留下的第一印象是"像个土包子，人又黑又矮又胖"。对于憨实寡言的他的工作能力，领导一开始也画了一个大大的问号。

1998年长江流域特大洪灾，催生全国水利系统建设改革，项目法人责任制等"四制"改革开行。可是，接收到水利系统改革的指令后，相关单位在实施时都感到很为难。过去洞庭湖堤防工程质量没有控制，一张白纸，洞工局由上到下都不知道怎么干。

一旦国家的改革政策不能落实，洞庭湖的治理和保护将举步维艰。领导找到余元君之前，并没有抱很大希望，可他最终编纂出一本成果，被同事们称为"宝典"，成了当时最重要的工程建设管理指南，洞工局里几乎人手一本，项目法人制和招投标从此走向正轨。

他总是第一个发现问题、第一个解决问题的人。2002年7月3日，资水上游连续降雨，湖南益阳的烂泥湖垸发生重大险情，管涌数量从1个变成了8个，形成了棘手的管涌群。

情况危急！堤防后有72万亩耕地、70万人口，还有一个国家粮食储备库。一旦溃垸，那将是灭顶之灾。地方政府请求洞工局支援。装卵石，搭围井，这位省里来的专家有点儿不一样，余元君不在指挥部研讨方案，反而在一线干起了抢险的活儿，现场教官兵们装沙袋的新方法。

围井搭建成功，通过38小时的抢险，险情终于得到控制。随着外河水位下降，大堤保住了，垸内的百姓避免了一次洪灾。

"还是省里来的专家提的意见能保堤，能保命。"这是百姓对他的肯定。他从一个科员成长为总工程师，破解了一次次抗洪抢险难题。这得益于他对洞庭湖的痴迷，每一段水系，每一个堤垸，每一处水情，他心之所想，眼之所见，都是洞庭湖的治理大业，基层的同志都称他"湖里精"。

余元君走遍洞庭湖226个堤垸，走遍3471公里一线防洪大堤。岳阳，他带队查勘一处污水自排闸，洞内污水横流、臭气熏天，大家都劝他不要进去看了，可他穿上雨靴，一头钻进漆黑的涵洞，等他走出来时，靴子里满是污水，全身散发着难闻的臭味，腿上还因污水浸泡出现大片红斑……

上百亿资金都诱惑不了的硬心肠

1998 年长江特大洪水后的 21 年，是中国水利系统建设飙涨的 21 年。身为洞工局总工程师的余元君，先后主持数百个项目评审和招投标，签下的合同、经手的资金超过百亿元，在洞庭湖工程量密集的时候，他每年过手的资金就有 10 亿元，可谓大权在握。

可他的工作作风让不少同行望而生畏。有一次，前期勘测一个堤垸的湖泊时，设计院没发现被杂草埋没的护坡，当施工单位铲除杂草后才发现。于是施工单位提出，要拆掉老护坡、重新修盖新护坡。但他五六次反反复复实地勘查后，坚持认为没有必要修建新护坡，因为旧护坡的设计标准比新护坡还高。这里里外外，为国家省了两笔钱，至少大几百万。

他总是想着把每一笔钱都用在刀刃上，在工作上规矩得近乎刻板。面对家人提出的请求，他的态度也曾让周围人无法理解。侄子余淼，大学时选了水利工程这个冷门专业，本以为在同一行业能得到叔叔的帮助，没想到却在叔叔面前碰了壁。

提到余元君，他的九弟泪流不止；提到七弟，他的六姐将脸埋进围巾号啕大哭。终于平静下来，六姐无力地说："人都走了，怨他有什么意义？心疼他。"手足之情，何来怨？原来 9 个兄弟姐妹中，他是唯一一个上大学、有公职的，直到现在，他的兄弟姐妹仍在农村务农或奔波外省工厂车间打工。

亲朋好友都以为这个有"权力"的人能够让九兄妹家里

焕然一新，可求他承包项目、推荐工作时，他一律回绝："扯这个事，免谈。"有一回，同事李三友开车送他回老家，因为路况不熟，便找路边的一个砍柴人问路，谁知余元君对砍柴人喊道："二哥！"

清白做人，干净做事，坦荡做官，这固然好，可他的决绝一度让家人觉得"无情"。

"在我们眼里，余总工是'大人物'，学历高、职务高、能力强，是湖南水利界的权威和专家。但他又非常平凡，穿得很朴素，没有一点儿领导架子，每次都和我们说家乡话。余总一个侄子大学毕业后，现在还是一家公司的临时工；他有一个哥哥现在还住着农村的土坯房，我们都觉得他有点儿'不近人情'。"余元君老家临澧、同属水利系统的湖南省人大代表黄咏梅说。

他没有一个亲戚朋友承揽洞庭湖的治理工程，也没有给老家办过任何一桩不合规矩的事。但就是在这份"无情"的背后，他却用另一种方式关心着大家。母亲患有尿毒症，需要定期透析治疗，为了减轻兄妹的压力，他独自承担母亲的医药费。家里晚辈读书，他资助学费、生活费。恋亲不为亲徇私，济亲不为亲撑腰。

2017年，余元君父亲过世，几个同事凑了三五百元去他老家悼念。"余总工半跑着追出三四里山路，硬是把钱塞还给了我们。"湖南省人大代表、县洪道站站长资程说。还有一年油菜花开的时节，资程和同事给他送了一桶30斤的菜籽油，他们把油悄悄放在他住的酒店大堂，结果余元君把他们狠狠数落了一顿。那是资程唯一一次被余元君责骂。

余元君曾对他的老师琴国佑说:"老师,我知足了,我出身贫寒,一个农民的儿子,现在掌这么大的权,这么高的俸禄,我真的知足了,但是也有人告我的状。"

琴国佑:"告什么状?"

余元君:"他们说,我不好说话,不近人情。也就是说,在工程质量上丝毫不让,一点儿也不退步。我管理上亿的资金,只要我违心地点一下头,答应一下,就可以一夜暴富,但是这个钱我不能要,我管的是国计民生的大事,这个钱我不能要。"

"这个钱我不能要。"余元君是这么说的,也是这么做的。他克己奉公的背后,是坚定的政治定力,是清醒的底线思维。他选择用一廉如水的姿态,汇入烟波浩渺的洞庭湖中。"功成不必在我,但建功必须有我。"

人民不会忘记

人生一世,草生一秋。这一世,他初心为水利,终身献洞庭。让百姓望得见山,看得见水,记得住乡愁,是他奋斗一生的目标,更是无数水利人肩负的使命。

就是这样一种责任担当,让他扎根洞庭,奔赴基层,了却潇湘水患事,赢得一湖四水之清波。

在《时代楷模发布厅》,中宣部副部长梁言顺为他颁发的奖章和证书,由他的妻子黄宇代领。

魂归洞庭,星落君山,他留下"忠诚、干净、担当"的佳话,今生未了的水利情缘,只有来生再续!

治水半生潇湘地，一山一水总关情；洞庭竹叶湘妃泪，君山银针祭君魂。

赤子真情，守护这一江碧水，绵绵用力，涓滴不弃，可以成江河，可以入大海，大江流日夜，慷慨歌未央，人民不会忘记，祖国更不会忘记。

杨 春

1969.05—2019.01

扫码看视频　　扫码看公众号

　　中共党员，一级警长，生前是福建省宁德市公安局蕉城分局党委委员、副局长。他不忘初心、牢记使命，从部队转业到公安机关28年，以铁一般的理想信念奋战在维护稳定、服务群众第一线，忠诚履行人民公安为人民的庄严承诺，忠实守护一方安定和人民安宁；他疾恶如仇、骁勇善战，关键时刻顶得住、遇到危险带头上，以铁一般的责任担当扫黑除恶、打击犯罪，侦破刑事案件数千起，抓获犯罪嫌疑人千余人；他勇于创新、奋发有为，爱岗敬业、精研业务，以铁一般的过硬本领实现执法办案零差错，在平凡岗位上做出不平凡的业绩；他一身正气、廉洁奉公，始终坚守崇高价值追求和良好职业操守，以铁一般的纪律作风严格要求自己，打造过硬队伍，赢得了群众广泛赞誉。2019年1月23日凌晨，因长年超负荷工作，杨春突发疾病牺牲在工作岗位上，年仅49岁。

> 扫黑除恶肯定有困难，遇到困难怎么办？
> 找我！

"昨天，一个人守护了一座城；今早，这座城送别这个人。"

宁德人朋友圈里刷屏的这句话，是对杨春最好的评价。

宁德空气清新，生活悠闲，岁月静好，但这并不是理所当然，而是有人默默负重前行。

在市民的平安背后，这位福建省宁德市公安局蕉城分局原副局长，却经历了那么多生死一线的时刻，他破获了数量惊人的大案、重案、要案、难案，打响了宁德扫黑除恶的第一枪，战绩彪炳，可很多民警平时不是叫他"杨局"，而是叫他"春哥"。

杨春究竟有着什么样的魅力？

他能记住每位民警的家庭状况，有一副热心肠，喜欢给单身民警介绍对象，可让下属念念不忘的，更是春哥像山一

杨春

样的守护。

从警 28 年，他人生剧的关键词，是"危险"。

追踪涉嫌杀人后逃跑藏匿的吸毒人员，在同手持两把大刀的嫌犯紧张对峙时，春哥伸手把新入职的蒋昌明拉在身后。

制服了嫌疑人后，蒋昌明问春哥，前面那刀砍下来怎么办？杨春说，你看我这个块头儿，挨两刀没事，你那么瘦，砍一刀就受不了了。

遇到持枪嫌疑人驾车暴力冲卡，他推开下属；他进入满是煤气的现场侦查，稍有不慎就会爆炸。

不管是担任刑侦大队长还是副局长，每遇险情，杨春总把下属挡在身后。

暖男倒在了办公室冰冷的地板上

"春哥身形魁梧，我们一直觉得，他不会倒。"

没想到，像山一样护着下属的春哥，就这样倒在了战友面前。

这是他生前最后 48 小时的行程，一如往常——

前一天上午，到检察院、法院协调涉黑案件；下午，慰问困难民警，督导春节前的安全防范；晚上 8 点，召集"8·1"涉黑案干警布置调查；晚上 9 点，在办公室签批犯罪嫌疑人追逃手续；晚上 9 点到 11 点，召集扫黑队民警，起草组建"8·1"涉黑案联合调查组计划。

连日超负荷工作的杨春，2019 年 1 月 23 日凌晨在单位值班时突发心肌梗死，倒在办公室冰冷的地板上，年仅 49 岁。

就在这最后的 48 小时里，他还挤出时间审批了 74 起案件的法律文书。

杨春倒下的那天，正好是全国扫黑除恶专项斗争开展一周年。

其实，2018 年夏天，同事就发现杨春的脸色似乎有些不大对劲儿，手总是不停地戳胸口。他跟同事说，老觉得胸口不舒服。同事劝他去看医生，但他实在忙，拖过了一次又一次看病的时机。杨春去世后，在整理他的遗物时，姐姐杨丽发现了一份 2017 年的病历。

"患者拒绝"这 4 个字非常刺眼，姐姐看到时，简直心都碎了。弟弟明明知道自己病得多严重，可他却一次次推迟了治疗的时间。

总觉得自己还能熬一熬，这一熬就是 1 年多的时间。他起码有 3 次生的机会：

第一次，姐姐劝他去检查心脏，可他说，扫黑除恶工作刚铺开，"我现在要是请假，那不就是撂挑子嘛"。

第二次，2018 年 5 月，姐姐惦记他生病的事，他推脱说："'上汽'项目工作正缺人手，下次有时间再说。"

第三次，2018 年 10 月，姐姐催得急了，他这才答应："姐，这次收网了，我一定去。"可谁也没想到……

杨春平常特别孝顺，只要他有时间，就会回父母家看看，陪他们说说话、去海边散散步。

后来，他忙于扫黑除恶，只好托姐姐去为父母取药，爸妈的每一种药，他都跟医生沟通好了。

虽然他看起来五大三粗的，但是心特别细，家里什么事儿都安排得特别妥帖。姐姐到现在都没办法接受弟弟已经走了的事实，她不敢想，只要一想，心就疼得没办法止住。

"春啊，我的春呢？"这是儿子走后母亲最常念叨的一句话，家人们骗她说，杨春去国外维和了。

13 岁的女儿每天晚上坚持给爸爸发微信："爸爸，今天是情人节，我替你买了玫瑰花给妈妈。"

他是个好儿子、好弟弟、好丈夫、好父亲，但他更是个好警察。

他便衣入虎穴，把涉黑团伙连根拔起

深夜路经扫黑队的人常可以看到：扫黑队队员默默注视着宣传栏上杨春的照片，或者蹲在春哥照片下抽烟。"他是我们的主心骨，生前是，现在也是。"

每当遇到棘手的案子，扫黑队队员往往会轻轻擦拭杨春

杨春与队员一起研判案情

的照片，清理一下上面的灰尘。"跟春哥说几句话，弟兄们心就安了。"

仅宁德扫黑第一案，案情卷宗就有 160 卷，摆放在地上近一人高，每一段记录都意味着他和战友们的付出。任务重，人手少，只能加班来补，杨春给扫黑组干警们定了个规矩，每周白天办案，周日到周五晚上 7:30 研判案情，只有周六晚上才留给家人。

杨春的家离单位不到 1000 米，但他总是陪着同事们一起加班，有时候甚至一周都没回过家。

他已离世半年多，定下的规矩，扫黑队队员们还在默默遵守。"加班到凌晨常有，到天亮也不奇怪。"

扫黑队民警巫迪知道蕉城深夜哪家的粥最香，凌晨 4 点哪家的包子最好吃。时至今日，战友们还保留着一个习惯，每破获一个案子，依然第一时间在工作群里 @ 春哥。

他一次次用脚步丈量大地，把一个个黑夜当成白天来用。

2017 年 12 月，一封举报信送到杨春面前。

他敏锐地察觉到，这极有可能是一起有组织的涉黑案件。这个团伙在古溪村开设赌场、打架斗殴，小混混到处收保护费、敲诈、勒索，气焰十分嚣张。有人报警就会被打击报复，这让他们臭名昭著。

为了说服举报人配合调查，杨春经常穿着便装，开着私家车夜访古溪村，50多天里，杨春带队调查走访群众500余人次；拟出调查提纲、询问提纲8万余字，文字证实材料1万余页，整理装卷50余卷；拟定的审讯计划130余份、5万余字，形成起诉意见书近3万字……

古溪村是一个典型的城中村，外来人口多、街巷逼仄、密如蛛网，地形堪比电视剧《破冰行动》中的塔寨。杨春甚至调用了无人机绘制地图，只为确保抓捕行动万无一失。

古溪村一案共计抓获涉案人员66人，破获个案33起，一举将该涉黑组织连根拔起。

这是扫黑除恶专项斗争以来，福建闽东地区破获的涉黑"第一案"，也是宁德市历年以来侦办速度最快、涉及个案最多的涉黑案。

如今，古溪村已经见不到黑社会性质的组织，村民脸上的笑容多了起来。

外表粗犷心纤细，硬汉神探破奇案

他不仅是一位铁血英雄、一位冲锋在前的雷霆汉子，在一个个天方夜谭般的探案卷宗里，我们还能看到杨春的另一面：外表粗犷、心细如发，神探刑警、屡破奇案。

2016年8月7日，宁德市民上山晨练时，发现一男子倒地身亡、脸色青紫、死因成谜。法医初步检验发现，死者手臂上的伤口疑似被蛇咬伤，中毒现象也很明显，符合蛇咬致死的特点。

这个地方经常有蛇出没，围观的群众也一直在议论可能是被蛇咬了。结合现场发现的啤酒瓶、情书和戒指等物证，民警分析该男子系为情所困，上山喝酒发泄时被蛇咬伤，属于意外死亡。周边的监控视频也证实，死者是独自上山。

一时间，所有线索都表明这是"意外"，医护人员、家属也都认为是一次意外。然而，死者是已婚，那现场的戒指是怎么回事？情书中提及的情人"茜"又是谁呢？杨春始终觉得，这件事并不像看到的那么简单。

杨春顶住所有压力，要求民警在全市和互联网上进行排查，一定要把所有疑点排除掉，才能结案。

在杨春的坚持下，一条新的线索浮出水面——民警找到卖戒指的淘宝网店，发现购买戒指的另有其人，并查实此人与死者妻子时常深夜联系，有不正常关系嫌疑。

杨春几乎是在一瞬间就确定：购买戒指的男人"就是凶手"。当民警顺藤摸瓜侦查下去，果然发现他的作案动机和作案工具。

原来，陈某是死者妻子的情人，他为了长期霸占死者的妻子，购买了蛇毒、针筒等作案工具，事发当天，陈某将死者骗到山上，持刀逼他喝酒，又对其注射蛇毒，伪造出死者为情所困、醉酒意外的现场。

现场遗留的戒指、情书，包括情书中所提及的"茜"都是伪造。杨春让这起蛇毒杀人案真相大白，这成为全国首例将蛇毒鉴定引入司法审判程序的案件。

侦破命案，是刑警的天职，也是对案件中逝去生命的最好告慰。

近 10 年来，杨春指挥、参与主侦的命案破案率达 100%。

他战绩卓著，却荣誉寥寥

洪口碎尸案、莲峰桥杀人案……从警 28 年，他这样的破案故事还有很多，可回放杨春的人生，他几乎没有接受过采访，能看到的影像都是在办案现场。

28 年来，他参与、组织侦破 3150 余起刑事案件，抓获犯罪嫌疑人 1830 余名，其中近 10 年命案破案率更是达到了 100%。

然而，当他离开后，人们却惊讶地发现，他获得的个人荣誉却寥寥无几，只有 10 年前的 1 次个人二等功、2 次个人三等功。

这位战绩卓著、荣誉寥寥的无名英雄，背后又有着怎样的隐情呢？

他不是没有立功机会，而是将太多的立功受奖机会让给了战友。

记得 2006 年 6 月，时任中队长的杨春，带领侦破一起特大盗窃小轿车案。在宾馆抓捕主犯时，杨春蹬开门，胡卫清扑向主犯时，慌乱中只觉得对方抓了什么东西，杨春冲上去，一脚踩住嫌犯的手，上铐后，胡卫清才发现疑犯握着一把已上膛的枪，有 5 发子弹。

这起案件从经营、收网、预审到追赃、返赃，所有工作杨春亲力亲为，但在报功时，他却向上级推荐说胡卫清功劳更大，将立功的机会让了出来。有许多次都是这样，分局党委研究推荐他立二等功甚至一等功，但他说底下的兄弟们干活儿最辛苦，该给他们，坚决将功让给了底下的骨干及民警。

干惊天动地事，做隐姓埋名人。

在杨春的带领下，蕉城分局刑侦业务考评连续 12 年全市第一。

他话语不多，却是战友们最可靠的依托。黄好雨的爸爸是一名警察，因中风残疾，住院护理、联系手术、术后康复，都是杨春跑前忙后。黄好雨结婚，从订婚到找酒店、办婚礼，都是杨春在帮忙操持。婚礼上有一段路，需要父亲牵着女儿走，坐在轮椅里的父亲沉默了。杨春就说，我牵着咱闺女走，你看行吗？哪怕婚礼上的一个细节，杨春都替小雨考虑到了。这份牵手的温暖，永远留在手心。杨春心里总是装着别人，却唯独忘了自己。

他倒下了，没能见证同事们崭新的战果，也没能留下一句对家人的嘱托。

肝胆相照，春哥一路走好

肝胆一词，福建人常用来称呼最知心、最可敬的朋友，视杨春为"肝胆"的人很多，在他离开的半年多时间里，很多人都还在用不同的方式思念着他们的"春哥"。

有人认为，信仰和忠诚很抽象，在杨春身上，你可以真实地看到信仰的力量，它比磐石更坚硬。

他是像大山一样的硬汉，关键时刻他顶得住、遇到危险他带头上，他用柔软的心照顾着身边人，像大山一样包容而付出；他守护一方安定，像大山一样护着一方水土。

在《时代楷模发布厅》的舞台上，中共中央宣传部副部长梁言顺为杨春颁发的奖章和证书，由他的妻子和姐姐代领。

生前，杨春最喜欢的一首歌叫《是否》，一些队员还将手机铃声设置成这首歌。在歌声中，让我们跟这个硬汉道别："是否这次我将真的离开你，是否这次我将不再哭，是否这次你将一去不回头，走向那条漫漫永无止境的路。"

陈立群

扫码看视频　　扫码看公众号

中共党员，浙江杭州人，贵州省黔东南苗族侗族自治州台江县民族中学校长、原浙江省杭州学军中学校长。他信仰坚定、潜心育人，从教近 40 年，担任中学校长 34 年，始终全面贯彻党的教育方针，致力于培养德智体美劳全面发展的社会主义建设者和接班人。他乐教善教、思维创新，倡导宏志教育，将爱国情、报国志、强国行融入教学和管理，引导学生立德成人、立志成才。他不忘初心、至诚为民，退休后婉拒民办学校高薪聘请，远赴黔东南贫困地区义务支教，3 年多来培养出一支优秀教师骨干队伍，学校办学质量大幅跃升。他心有大爱、无私奉献，始终把帮助贫困家庭孩子求学成长作为己任，支教期间翻山越岭、走寨访户，家访并资助 100 多户苗族贫困家庭，足迹遍布台江县所有乡镇，用义举带动更多人开展支教助学。陈立群曾荣获首届全国教育改革创新杰出校长奖、2018 年"中国教育十大人物"等称号。

> " 我就是一介书生，我一辈子只做一件事，就是教好书，做好我自己的教育工作，不为功利，不求功德，只为心愿，这个心愿就是有更多的苗族孩子，能够走出大山，去实现他们的人生目标。 "

杭州市学军中学校长陈立群要退休了，作为全国重点高中的校长、教育部中学校长培训中心兼职教授、享受国务院政府特殊津贴的专家，他在全国教育界广获认可，有民办高中开出 200 多万年薪挖他，但这个"名校长"却做了一个决定，让很多人看不明白。

2016 年，他来到贵州黔东南苗族侗族自治州台江县，当这个国家级贫困县唯一一所中学的校长。这是所高考成绩在全州垫底的"差校"，而他开出的唯一条件是：解决吃住，分文不取。

陈立群的自我评价是，不置一分钱房产，不炒一分钱股票，写过 16 本书，当过 5 所中学的校长。他要在这所"差校"

陈立群给孩子们上课

实践平民教育，在苗族人口占比98%的"天下苗族第一县"，给这些苗族孩子开启人生的另一种可能，更要影响成千上万户苗族家庭的未来。

全国名校长在小地方遇难题

来台江前，他最放心不下90岁的母亲，老母亲得知儿子要去支教，非常支持："我身体好着呢，不信我跟你打赌。"

而台江县教育局局长龙峰不知道，他大胆的邀请能否得到陈立群的同意。邀请说出口，龙峰自己都觉得不切实际，况且就算陈立群答应了，台江这座偏远且贫困的县城，又能拿什么招待好这位名校长呢？

然而陈校长没开条件，"解决吃住就行"。卸任浙江省国家重点高中的校长，来到距离杭州1400公里的贵州山区，陈立群开启了他分文不取的支教生涯。

支教绝不是一次理想的浪漫之旅，一身西服、打着领带、背着双肩包，师生都被这位空降的校长"帅"到了。但刚在学校转了一圈，陈立群的眉头就皱了起来：这哪像学校的样子啊？3000多名学生只有一个食堂，刚端出来的菜盆边上，密密麻麻落满了苍蝇。几十个人挤在一间宿舍，公共厕所气味扑鼻……

陈校长从硬件着手，改善食堂环境，从1口锅，变成3个食堂6口锅。学生搬进了6~8人、带独立卫生间的宿舍。

偏远山区硬件条件不好能够理解，可民中的教师状态和学习氛围之差，才更让陈校长感到诧异。校园本是宁静之地，可是台江民中的晚自习，吵吵嚷嚷好似菜市场，老师不管，学生不学。

刚来，他面对的便是险滩硬茬。陈校长决定从课堂氛围下手，他带着小板凳旁听了一节高三语文课。发现老师不负责任、照本宣科，把作文的开头当成了结尾去讲。还有教师迟到早退，45分钟的课20分钟讲完就走了，这让他感到诧异，并痛下决心准备改变。

不破，不立。对待"乱校"须用"铁腕"，他的"雷霆手段"接踵而来，直击学校沉疴。

随后，陈校长又将另一名老师调离岗位，因为他上课没有教案，跟着感觉走。

不到一个月，两位老师接连被撤岗，这件事震动了黔东南教育界。很多习惯松散的老师，一下子把神经都绷紧了。课堂大于天，这个理念唤醒了全县的老师。

陈校长制订新的规章制度，把这所原本涣散的学校拉回正轨。

爱 与 责 任

"一所学校最重要的学生是老师。"他用"雷霆手段"唤醒了老师们的责任心。显然，一味"雷霆手段"也不是他的初衷，如何提振教师士气、激发教师潜能，成了陈校长急需解决的另一道难题。

新学期开学，他收到一封辞职信："我是铁了心要走。"这突如其来的辞职信是刘明老师写的。陈校长赶到台江县人民医院，原来刘明的妻子头天晚上生了第二个孩子。

刘明坦言，3000元要养活家里6口人，难，不得已才想离开工作了15年的民族中学，去薪水更高的民办中学。陈校长听了，挽留的话实在说不出口。他何尝不知道教师收入微薄的难处？他只能说，学生们都很想你，盼你能回来。刘明听了眼睛一红，"辞职信我收回吧……"陈校长几乎每个月都要做出这样的挽留。因为待遇跟不上，台江民中每年都有十几位教师离职。为了解决教师待遇问题，他没少跟当地教育部门争取，增设目标考核奖、教学质量奖等，但当地财力实在有限，到手的补助杯水车薪。

他把20多万元奖金捐出来，那是他的国务院政府特殊津贴和杭州杰出人才奖奖金，在台江设立"奖教金"，每年奖励9名教师，每人5000元。他拒绝了200多万的高年薪，来到贫困山区，分文不取，反而资助学生、奖励老师。陈校长在贵州支教3年期间，走访过100多名学生的家，资助学生家庭累计10多万元。

陈立群走访时与孩子们合影

　　他去过最远的一个孩子的家，需要先开车一个半小时，再坐烧着柴油的小船 45 分钟，最后走路半个小时。更让陈校长焦虑不安的是另一座横亘在人心里的"大山"——台江县至今仍然没有脱贫，群众依靠外出打工赚取微薄收入，留守在家的儿童数量居高不下。

　　当地流行的观念是"读书无用论""早点打工好"；大节三六九，小节天天有；喝酒、斗牛、打麻将；等着别人送小康。陈立群到任后召开家长会，看到有的班家长还没老师多，可见教育在当地人心中的位置。台江民中作为全县唯一的高中，过去几年，高考成绩在全州垫底。一些学生靠着国家和社会的资助，注重享受而不思进取，学生对手机的迷恋超乎想象，早恋、抽烟、沉迷游戏等现象严重，每年都有百余名学生辍学。

　　面对这样的孩子和家长，他打的第一张牌就是严格管理，宣布进入校园安静环境学习月。原先像是四处撒欢儿的野马驹的学生，突然被新校长的这根缰绳一拉，像是有一记无形的教鞭抽在了心上，一盘散沙式的学习氛围在逐渐改变。浮躁止于宁静，惊雷响于无声。

　　如果说行为习惯可以刻意培养，那么对学生精神层面进行引导才正是陈校长大显身手的时候。通过国旗下演讲、成人礼仪式，他激发学生的斗志。这些学生们从没听过的活动，给他们打开了一扇新的人生大门。经常有学生给陈校长写信："是您的到来，才让我有了走出贵州这个不平凡的想法。"

他改变的不只是这些苗族孩子

因为陈校长的到来，台江民族中学的一大批学生改变了生活的选择，改变了命运的轨迹。2017年6月，他带的首届毕业生高考，全县人都把目光投向了这唯一的高中，当揭开榜单看到成绩的那一刻，从家长到亲友无不感到欣喜——考上一本的学生从40多个长到100多个。

往年，台江中考前100名的学生中，留在台江民族中学的只有十来个人，而2018年这数字增了几倍，到了95人，全县中考第一名也第一次留在民中。2019年，全校885名学生参加高考，有561人考取了本科，本科成绩完成率达到了63%。老师们体会到了前所未有的幸福感，得到老百姓的认同，尊严感就上来了。

无论是对学生，还是老师、家长，他都重视"心灵唤醒""精神教育"，通过激发学生们的进取心和责任心，改变了很多贫困家庭的命运。尊师重教的民风慢慢形成。陈校长号召老师们走进寨子，把社会最底层撬动起来，让苗民们充分认识到教育的意义：考出一个孩子，脱贫一个家庭，带动一个寨子。陈校长的微信头像，是台江县小江小学，那是一所教室用木板钉起来、四面透风的老旧小学。陈校长以此激励自己，争取给孩子更好的求学机会，才能用教育阻断贫穷代际传递。

　　给钱总是要花光的，给物资总是要用完的，唯有把农民的孩子培养好，才能使家庭的贫困不会成为世袭。

——陈立群《我的教育主张》

　　他谢绝了省州县一切奖金补贴，也谢绝了一切宴请饭局，别人宴请时，他总以"我是来支教的"来谢绝。他要为台江培养一支不走的教师队伍。所有的帮扶总是暂时的，所有的支教总是要结束的，关键在于增强可持续发展的造血功能。台江县周边县城的小初高校长，都是他的徒弟。不仅仅是台江民中的老师受益，全县老师都受益。

一批贫困生被扭转的人生

　　陈校长34年中当过5所学校的校长，面对不同的生源和起点，他都把后进的学校带到拔尖的水平，成就了响当当的"全国名校长"美誉。

　　19年前，陈校长在杭州长河高级中学创办了浙江省首届宏志班。2001年，正在一个小作坊打工的董永军，突然接到电话让他回家，他还不知道，家里来的人将是改变他一生命运的人。那天下雨，他没想到眼前这位是校长，而陈校长也没有想到，这个用泥瓦搭盖、多处漏风的土屋，竟然就是董永军的家。因为父亲常年赌博，董永军家里几乎一贫如洗。

陈校长按捺着内心的诧异，把录取通知书交给了董永军。

陈校长专程送给董永军的通知书，是浙江首届宏志班的录取通知书。宏志班招收品学兼优、家庭困难的学生，为他们免除一切费用、提供补贴。"人生而平等"，带着这样的初心，陈校长摸着石头过河。为了筹集资金，他数不清敲了多少家企业的大门，走访了多少山区中学，吃了多少次闭门羹。

这些宏志生的问题逐渐显露：体弱多病，内心自卑，不愿意和外界接触。为了改变宏志生的性格，他教学生怎么生活，告诉他们不能死读书。他提议成立铜管乐队、长跑队，孩子们变得阳光、乐观、自信。陈校长对这些寒门学子的改变，不仅仅是命运上的，还有心理上、心态上的。

拥抱着这样的爱与责任，浙江省首届宏志生交出优异的成绩单，首届宏志班51人中有45人上了一本线，第一名被清华大学录取。陈校长一共带出了12届宏志班，招收的951名学生全部考上大学。相比于成绩，他更坚信一句话："教育首先是精神成长，其次才是科学获知的部分。"

在董永军看来，陈校长给他最珍贵的是"精神支柱"。有一次高中放假，陈校长送他回家，一眼看去房子没了，他家变成了一片废墟，墙全倒了，什么都没了。董永军一下子崩溃了，呆呆地站在废墟上，眼泪止不住地流。陈校长走过来拍着他的肩说，这个家没了，你在杭州还有一个家。董永军这辈子都不会忘记这句话，此后放假，校长都会带他去家里住两天，即便他的成长过程中缺失过爱，但在宏志班，他得到的全都是爱。

反哺这个时代，当年的宏志生在回报

"儿去贵州，不为功利，不求功德，只为心愿。"这是陈立群告别老母亲时的话，不止如此，他还把一个人的支教，变成一群人的勠力同心。从创办宏志班，到现在办好一所宏志校，陈立群走过这么一条路，"爱与责任"的办学理念影响到更多学生和老师。一批批宏志生已经长大成人，将宏志精神传递到更多的土地上。朱华彬和宏志班的同学一起去看望校长，看着苗族孩子身上的那种无力感和想要改变命运的眼神，直勾勾地戳进了朱华彬心里，就像看到了当年的自己。他们决心像校长那样去帮助更多的孩子，他们筹备宏志基金，以帮助更多的孩子实现求学梦。

陈校长当年用心呵护的幼苗已经长大，他唤醒的不只是孩子们的宏图大志，更是用爱唤醒了他们那份感恩的心。这样一种传递，这样一种奇妙的命运相系，跨越时间和地域，让我们看到爱的力量，人性的光芒，以及这片土地的希望。教育的最大魅力，不仅仅是锦上添花，让好的更好，而是雪中送炭。

在《时代楷模发布厅》的现场，中宣部副部长梁言顺为他颁发奖章和证书，授予"时代楷模"陈立群以国家荣誉。在很多学校都挑剔生源质量的今天，那些聚光灯照不到的贫困家庭的孩子，那些所谓的"差校学生"、基础薄弱的"留守儿童"，我们如何给他们光明的前途？陈立群用"花甲之年入深山"的行动，给了我们答案。

人，生而不同，禀赋不同，成长的环境也不同。教育的神奇，就是千百万像陈校长这样有理想、敢担当的老师创造的。

在第 35 个教师节来临之际，当年宏志班的前三届学生代表和台江中学的苗族孩子们，特意为陈校长送上节日的礼物。首届宏志班班长陈水珠，在浙江化工进出口公司任高级主管；第二届宏志班班长高坚强，在华媒控股任董事会秘书；第三届宏志班班长张巧月，在自主创业，他们代表陈校长带出的951 名宏志班学生，为校长准备了宏志生迈向社会后的成绩单。

教人无问贵贱，育人不分优劣，让我们一起道一声：老师，您辛苦了。

陈俊武

扫码看视频　　扫码看公众号

中共党员，福建长乐人，中国科学院院士、中国石化集团有限公司科技委顾问、中石化洛阳工程有限公司技术委员会名誉主任，我国著名炼油工程技术专家、煤化工技术专家、催化裂化工程技术奠基人。他心有大我、至诚报国，新中国成立之初就投身到党和人民的事业，与共和国同成长、共奋进，为新中国石化工业不懈奋斗70年。他敢为人先、勇于登攀，推动我国催化裂化技术从无到有、从弱到强，为我国炼油工业进步作出开创性的贡献，进入耄耋之年，仍然奋战在科研一线。他淡泊名利、甘为人梯，为国家培养一大批高水平石化专家，资助多名贫困学生和优秀青年。荣获"全国优秀共产党员""全国劳动模范""全国五一劳动奖章""全国优秀科技工作者"等称号，获得国家科技进步奖一等奖、国家技术发明奖一等奖。

> " 从加入中国共产党的那一天起，我就做好以身许国、献身科学的准备了，至今无怨无悔。 "

年近 80，有时还坐着火车上铺出差，92 岁了还在刷卡上班，别人都心疼他的身体，就他不在乎，他这一辈子都是拼命三郎，他这一辈子都笃行石油报国，他是中国科学院资深院士，中石化洛阳工程有限公司技术委员会名誉主任陈俊武。

在中国，70% 的汽油和 30% 的柴油是通过催化裂化技术加工而成，陈俊武就是中国催化裂化工程技术的奠基人。70 年来，中国从依靠进口"洋油"发展成为炼油技术强国，陈俊武功不可没。

他身上有老一代科学家的特质，干的都是利国利民的大事。生活中的他不讲究、能凑合，可在工作上从来不含糊。我们不知道他是在什么样的条件下，一点点啃下科研的难题，或许是在夜深人静大家酣睡之时，或许是在差旅途中饿着肚子的时候，甚至是在工厂的废墟之上。他的人生伴随了共和

陈俊武指导工作

国的艰难，也见证了祖国的荣光。70年，他这一生伴随着共和国的风雨兼程，在生命底色上，镌刻了新中国的时代缩影。

开国大典那个月，他从福建辗转千里来到东北

手握滚烫的北大毕业证书，他的未来本可以有非常美好的选择。但让家人和同学大跌眼镜的是，他去报到的单位有点儿与众不同。22岁的他从福州老家出发，历时两个月，辗转8000多公里，来到辽宁抚顺，坐马车来到一个日本人建的人造石油厂。

他毕业于北京大学工学院化工系，为什么执意来到这里工作？大二那年，他首次参观这个日本工厂。日本依靠人造

石油造出了汽油、煤油、柴油，他们的飞机坦克屡次在侵略战争中占上风。一腔热情驱使他执意来到这所工厂，放弃大城市的舒适，来到当时条件非常艰苦的大东北。他人生的第一个重大选择，就把自己和祖国的命运联系在了一起。

足足等待了一年，他才等来人造油厂里一个日本人废弃尚未开起来的煤制油车间复工的机会。他从小事着手，第一次技术创新，就为厂里平均每天节约几百度电，成长为小有名气的劳动模范。一个北大高才生毕业后的头十年就这么度过了。然而，中国石化史上的一次重大变革正在悄然而至。

20 世纪 60 年代初，大庆油田开发以后，他所在单位奉命转向研究天然油工厂设计，这对他是一次打击，他学了那么多东西，一下子用不上了。更让陈俊武和同事为难的是，大庆石油厚重黏稠、成分复杂，无论怎么尝试，汽油、柴油产率只能提炼到 30%~40%，就像没办法把金灿灿的稻谷变成白花花的大米饭。王"铁人"他们辛辛苦苦开采的原油，很多竟然沦为烧火取暖的燃料，这让他痛心不已。

当时国际上有一种先进的技术，这种重油加工方法叫流化催化裂化，能让原油中的重油变成高品质的汽油、柴油，俗称"催化一响、黄金万两"。就在他和同事们准备大干一场时，一个晴天霹雳打来了。

中苏关系交恶，他只能近乎疯狂地攻关新技术。他常住在抚顺工厂里，有时候两三个礼拜不回家。与高涨的科研热情相反的，是艰苦的生活条件。那时中国正处困难时期，很多人因为吃不饱饭患上了浮肿病，陈俊武的夫人也不例外。

1965 年 5 月 5 日，流化催化裂化装置投产成功，这是由中国自主开发、自行设计、自行施工安装的，带动中国炼油技术一举跨越 20 年，大幅接近了当时的世界先进水平，基本结束中国依赖进口汽油、柴油的被动局面，中国人民用"洋油"点灯的日子一去不复返了！

这项装置因此被称为中国炼油工业的第一朵"金花"，从那天起，陈俊武多了一个称号：中国催化裂化工程技术奠基人。然而就在他准备大干一场的时候，一场突如其来的运动打乱了他的节奏，陈俊武和他那些珍贵的资料辗转几千公里，落脚到一个条件简陋的山沟里。

1969 年年底，中国开始三线建设。我国边境省市的重要科研单位隐蔽到三线，石油工业部抚顺设计院搬迁到豫西山区。他不顾环境的恶劣，在简陋的窑洞中做研究。在那个特殊的时期，很多工业研究都被限制被搁置，他没有怨天尤人，他明白，科技的发展日新月异，好不容易刚刚追赶上的步伐，一旦放弃，将面临全面落后的残酷局面。没有条件跟发达国家做技术交流，那就自学语言，通过文字资料来研读技术，就是在这样艰苦的条件下，他度过了 9 年。

1978 年，"科学的春天"来了，陈俊武受邀参加了全国科学大会。他觉得有使不完的热情，有使不完的劲儿。从北京返回洛阳后，他做出了一个惊人的决定。

研究开发同轴式催化裂化装置与上一代差异很大，这种装置工艺极其复杂，如果说上一代装置是在造飞机，那么新的同轴装置就像是在造火箭，虽然有相通之处，却又极为不同，国际上仅有几家顶尖公司能够自主设计施工。当陈俊武准备当第一个吃螃蟹的人时，反对的声音出现了。发生爆炸，谁负责任？熟悉陈俊武的人都知道，他性格温和，不愿与人发生争执，然而这一次，他却拿出试验数据据理力争，从兰州到北京，一直争论到原石油部主办的论证会上。

1982年秋，兰州炼油厂同轴式催化裂化装置建成投产，当年就回收了4000多万元，这个设计获国家科技进步一等奖，一举赶超世界先进水平。陈俊武会5门外语，英语的读说听写就像中国人使用汉语一样。这常让年轻同事诧异，"院士哪来的时间学这么多外语？"刚参加工作时，因为需要和苏联专家沟通，他自学了俄语；因为德国技术先进，为了不落后，他自学了德语；在抚顺因为要掌握日本造的机器，他自学了日语；为了到国外考察，他3个月自学西班牙语。

他让同事"很委屈"，让年轻人"很感恩"

1990年，陈俊武主动卸任中国石化洛阳工程公司经理，转任技术委员会主任。他身边的工作人员在感受他带来的荣耀的同时，内心也常常感到"委屈"，一次次的委屈从何而来？陈俊武花公家的钱很小气，去北京时在高铁上，一份几十元的盒饭都舍不得吃，下了车点一份最便宜的牛肉面，出差住便宜酒店，很少坐出租车。"他不喜欢麻烦别人"，所以与其说下属们委屈，不如说院士经常委屈他自己。

他在郑州大学院士工作站兼职6年，先后带出了4位博士。他坚持每月到校授课，吃住行费用自行承担。2016年，他将近20万元兼职教学所得的报酬全部捐献，用于奖励优秀的青年学子。给自己花钱他舍不得，但是给青年人才花钱他很舍得，

陈俊武（右二）与研修班学员合影

他曾资助贫困学生完成了复旦大学4年的学业。

20世纪90年代的时代记忆和国企改革相随，中国石化在从计划经济向市场经济转变。陈俊武此时已经功成名就，但他依然对石化行业的人才困局感到担忧，再次将目光放在了年轻人身上，没想到，他此举改写了很多年轻人的人生，甚至改变了一个行业的生态。

安庆石化副总经理宫超的桌上摆着一张毕业照，19个年头过去了，他依然视若珍宝。研修班培训，在他看来是"一生的荣幸"。宫超所参加的研修班没有国家承认的学历，甚至没有固定的课堂，但毕业生都已成长为催化裂化行业的翘楚。这个普通的催化裂化高级研修班，只要是在石化行业一线工作5年以上的高级工程师，不论年龄大小，不论哪家企业，一律可以参加入学考试。然而与其不拘一格的招生政策相反的，是极为严苛的教学风格。宫超从参加入学考试那天，就体验到了陈俊武的魔鬼政策。

那时，陈俊武对学员进行封闭管理，每天突击补习。在他的课堂上不准交头接耳，不许溜号，甚至课后看电视都成了一种奢侈。当时宫超和同事们很不理解，他也是在多年之后才从陈俊武的口中得知个中原委。

魔鬼式培训结束后，他还为每个学员量身定制"大作业"。每一个作业都需要半年以上时间完成，平均每一份都有300页之多，而这些作业，他都要逐行逐字进行批改。当年的50多个高研班学员做作业的大流化催化裂化装置，迄今还有20多个在中国运转。而今天，由这些学员负责的项目已经超过80个，每年创收超60亿元。

在《时代楷模发布厅》，宫超和几名同学收集了高研班所有人的工作成果，送给陈院士，感谢他的教导。

宫超和高研班同学将工作成果送给陈俊武

院士暮年，为国探路，斗志从未消减

1997 年后发生了很多大事，国际原油价格大起大落，油价一路狂飙到纪录的高点，2010 年后曾经超过每桶 148 美元。陈俊武敏锐地觉察到，对依赖石油进口的中国来说，高涨的油价无异于被人卡住了脖子。那一年，他已经 70 岁了，这个古稀老人对国家能源安全深感焦虑，苦苦思索能源替代问题。两位突如其来的访客敲开了他办公室的门，带来一个令他舒展眉头的消息——石油替代领域的甲醇制烯烃实验取得重大进展。

烯烃是很多化工产品的原料，从家具、服装到汽车、航天都离不开它。以前烯烃只能从石油中获取，这让中国石油进口数量大幅增加，进口比例一度接近 50%，这是国际公认的能源安全红线，一旦超过 50% 就会被外国掣肘。中国作为煤炭大国，如果用煤炭制作甲醇，再转制成烯烃，则可以减少原油进口，对国外的能源依赖就会降低，为此他执意将这项技术国产化、产业化。

国外一些公司嗅到了中国的庞大市场，都想在此分得一杯羹，一场中外技术的较量就此展开。当时国内外甲醇制烯烃技术都处于实验室阶段，谁先建造出合理的工业装置成了成败的关键。陈俊武决定放慢节奏稳扎稳打，先建立大型试验装置，试验成功再建厂生产，这与国外的主张完全不同。2004 年，他已经 77 岁，作为试验装置的技术指导和工程设计牵头人，每次有需要，他都会亲临现场，这让同事们都为他捏了一把汗。

2006 年 2 月，春节刚过，他办公室的电话突然响起，试验现场出现了技术难题，试验现场停车了！催化剂一堵就跑，一跑就跑几吨，一吨 20 万元。他第一时间赶到现场，面对浓烟滚滚的试验装置，他二话不说穿上工作服，爬上了近 60 米高的作业平台。

2010 年 8 月 8 日，甲醇制烯烃装置一次性投产成功，为这次中外较量交上了一个完美的中国方案。那天，他看着手中洁白的产品陷入沉思，那一刻，时光仿佛回到了 1946 年，那个翩翩少年，伫立在日本人的人造油工厂前，被国外的技术震撼着。不同的是，这一次，眼前的产品完全由中国自主研发，技术水平已然屹立在世界潮头。

这位一辈子走在时代最前端的老人，从不停歇，不能停歇。在甲醇制烯烃装置取得成功之后，很多人觉得他这么大年纪了，该功成身退享清福了，但是他偏偏不，时至今日他依然坚持，正应了他的那句口头禅：国家需要。

解决了国家能源的切肤之痛，他这样一个功勋人物，把个人荣誉让给他人，坚持奉献大于索取，做一个国家和人民需要的科学家。

2019 年，陈俊武已经 92 岁高龄了，但他仍然坚持每周上班 3 天。

近年来，他开始转行关注全球碳减排问题，在香山科学会议上，他研究的数据被国内多个研究部门和论文引用，他再一次跨领域创新。工龄 70 年，他始终不忘报国初心。在《时代楷模发布厅》录制现场，中宣部副部长梁言顺为陈俊武颁发奖章和证书。

陈俊武常说：人生的价值在于奉献，奉献小于索取，人生就黯淡；奉献等于索取，人生就平淡；奉献大于索取，人生就灿烂。

　　至人无己，神人无功，圣人无名。他的身体里，一直住着70年前那个少年，梦想石油报国、科技报国。让我们祝福这位"为祖国健康工作70年"的长者，为他生命的跨度、长度、亮度致敬。

李 夏

1986.07—2019.08

　　中共党员，安徽黄山人，生前是安徽省宣城市绩溪县荆州乡党委委员、纪委书记，县监委派出荆州乡监察专员。他坚定理想信念、坚守初心使命，主动到皖南山区偏远乡镇工作，十余年来，始终奋战在脱贫攻坚、乡村振兴、正风肃纪第一线，用脚步丈量民情，用实干赢得民心，"有事情，找李夏"成为当地群众口头禅。他坚持原则、一身正气，在纪检监察工作岗位上，敢于较真碰硬，铁面执纪执法，突出整治群众身边腐败和作风问题这个重点，主办参办问题线索 77 件，立案审查 32 件，给予党纪处分 31 人次，推动全面从严治党不断向基层延伸。他不惧艰险、不畏牺牲，遇到困难危险总是冲在前面，2019 年 8 月 10 日，在抗击第 9 号超强台风"利奇马"时，临危受命、一线救援，在转移群众过程中突遇山体塌方，以身殉职，年仅 33 岁。

> 我就是喜欢跟老百姓打交道。在基层工作感觉很
> 踏实，能为老百姓做点儿实实在在的事，内心充满成
> 就感。

一轮台风，一场强降雨，一次山体塌方之后，在安徽绩溪县荆州乡政府办公室的工作人员去向牌上，纪检书记李夏的去向，箭头永远停在了"下村"的位置。

李夏

乡亲们回首往昔，33 岁的李夏在他的岗位上，从来都是平凡普通的，没有说过豪言壮语，没有做出惊天动地的伟绩，然而在洪水吞噬家园、道路房屋受损、乡亲们陷入险情的困顿危难之际，李夏毫不畏惧，以平凡之躯践行英雄之举，谱写了一曲生命壮歌。

送别李夏那天，75 名绩溪县长安镇的干部群众，人手一枝菊花，那是采摘自李夏帮扶乡亲们种植扩大的千亩菊园的菊花。质本洁来还洁去，菊花是乡亲们怀念李夏最独特的方式。

沧海横流，方显英雄本色，乡亲们饱含热泪追忆李夏，一位荆州乡人为他写下一首诗："只希望我的每一次回乡，你还走在我家乡的路上……"

夏之绚烂——用身躯的坚强压制洪水的怒吼

2019 年 8 月 10 日，强台风"利奇马"在浙江省沿海登陆，受之影响，位于安徽省东南部的绩溪县普降大到暴雨，尤其是距离绩溪县城 70 多公里的荆州乡，3 小时降雨量达 96.5 毫米，多处出现山体塌方、道路中断。

一时间，荆州乡被暴雨笼罩，洪水直接威胁着乡里 2000 多户村民的安全，救灾抢险就是和台风抢时间，与暴雨拼速度，那是个周末，原本计划回县里与妻子团聚的李夏，主动请缨冲向了一线。

当天下午 2 点 30 分左右，荆州乡下胡家村的乡敬老院，18 位老人被暴雨围困，得此消息后，李夏与荆州乡人大主席王全胜、下胡家村支书胡向明迅速赶赴敬老院转移、安抚老人，劝离涉险滞留在家的群众。妥善处理敬老院人员后，肆虐的暴雨并未平息，三人又接到村民报告称，下胡家村出口处道路旁发生险情，他们迅速前往下胡家村口。一棵山核桃树带着砂石从山坡上滑下，将路旁电线压倒在道路上，"下胡家村土地庙这里塌方，树倒下来把路拦了，电线疑似被打断……"李夏拍下了照片，随即把险情发到"荆州乡党政领导干部微信群"，提醒大家注意安全。照片里，滑落的土块、碎石混合着折断的树干散落在道路两旁，现场一片狼藉。

不承想，这是李夏拍下的最后一张照片，亦是李夏发出的最后一条信息。

情况紧急，三人决定先回到安全处讨论处理方案。返回途中，正遇见一对母子带着物品往塌方地段赶路。"这个地方危险，赶快离开！"李夏担心这对母子的安全，三人折返护送他们到安全地带。

当三人返回，再次路过塌方地段，从山顶传来"轰隆隆"的声音，此处二次塌方，意外发生，前一秒还在提醒同行人避险的李夏，后一秒就消失在瞬间倾泻下来的泥石流中。同事悲痛欲绝，全力搜救。绩溪县政府立刻调配公安、消防等各方力量前来支援。风大雨大，同事们大声呼喊着李夏的名字，可再听不到李夏的回声。约 13 个小时后，人们在下游约 2 公里的王仙庄村找到了李夏，他已经没有了生命迹象……

暴雨肆虐、山河哽咽，乡亲们为李夏哭泣，却也知道，在生与死、存与亡的较量中，他的选择向来如此——

2013 年 6 月 30 日晚，绩溪县长安镇山洪暴发，多处房屋倒塌、通信供电供水中断，李夏翻山越岭十余个来回，运送救灾物资。

2014年"1·24"森林火灾，李夏不顾自身安危，冲锋在前。2016年"5·4"大源村山体大面积滑坡时，李夏第一时间赶到现场，连续值守三天三夜……

"作为一名党员，就应该舍小家顾大家，勇于奉献自己。洪水袭来时，有人用身躯的坚强去压制洪水的怒吼……"这是李夏多年前在入党申请书中写下的铮铮誓言。

在这个夏天，他用行动践行初心，用生命诠释担当，直至生命最后一刻，即使离开，依旧如同璀璨的夏日之花，不凋不败。

夏之热情——以满腔的热忱关心乡亲的疾苦

1986年7月，李夏出生在安徽省黄山市的一个普通工人家庭，如同他出生的季节和他的名字，为人谦和朴素的李夏身上，总是散发着一种热情阳光的感染力。

2011年9月，李夏通过公务员招考进入绩溪县长安镇工作。2018年12月，调到绩溪县最偏远的荆州乡工作。城市的孩子刚到农村，连鸭和鹅都分不清，也听不懂口音浓郁的绩溪方言，初来乍到的李夏如同"哑巴"和"聋子"。

听不懂方言，工作很难开展，毫不畏难的李夏扑下身子，满腔热忱，扎根基层一干就是8年。妻子宛云萍回忆，刚到长安镇时，李夏摸索了一个学语言的方法，就是先找方言口音没那么重的年轻人聊天，像学英语般一个词一个词地去找方言记忆点，然后再跟村里的老人们聊天。找到窍门后的李夏勤奋练习，只用了4个月就听懂了绩溪话。

突破了语言关，就是拿到了与村民交心的钥匙，李夏成了老百姓眼中讲普通话的本地人，和村民们迅速拉近了距离，"有事情找李夏"渐渐成为很多长安镇人挂在嘴边的一句话，领导把工作任务交给有责任、有担当的李夏放心。年轻干部遇到困难找"夏哥"，总会得到帮助，群众遇到问题和难处，也总能找到这位吃住都在镇里的外地干部。

李夏出事后，所有和他接触过、得到过他帮助的乡亲，都忍不住掉泪。长安镇高杨村村民许冬仙怎么也不愿相信，嘴上一直嘀咕着"不可能"。

高杨村共有24户贫困户，李夏担任高杨村党建指导员期间，许冬仙是李夏帮扶的6户贫困户之一，在许冬仙家堂屋的墙上，还贴着"贫困户走访全程记录表"，记录了从2017年10月到2018年9月，李夏每一次走访的内容。

许冬仙说，每次李夏来，小孙女胡心怡都十分高兴，总会跑过去黏着他说话，在李夏的帮助下，许冬仙养殖了七八十只鸡鸭，生活渐渐好转，"帮了我们这么多年，至今也没留住在家吃过一顿饭"。

在李夏工作过7年多的长安镇，和许冬仙一样，惦记着李夏的村民有很多。冯兰香总记得，李夏第一次来自己家就去看米缸，说是看看快过年了家里还有没有米，家里房子翻新，已经调离长安镇的李夏还打来电话，问她修房子是否需要帮忙。

王秀萍不会忘记，李夏从自己老家请来养菊专家，把村民聚在一起搞培训，帮大家答疑解惑，传授种植技术，挽救了她家赖以为生的8亩菊花地，也帮村民提高了菊花的产量和销量。

高杨村、胡塔村的村民，永远感谢李夏为了解决群众出行不便的困难，四处奔波跑项目，要资金，为村民修了两村之间1000米的机耕路……

"些小吾曹州县吏，一枝一叶总关情"，百姓的疾苦困难，一直萦绕在李夏心头，念念不忘。在长安镇工作的岁月里，李夏干过纪检监察、政府文书、城乡建设、社会保障以及应急、保密、档案管理等多项工作，无论是哪项工作，他都热情投入，迅速上手，很快就成为行家。同事对他的印象是"李夏不是在田间地头，就是在贫困户家里，不是在防火、防汛、抗旱的一线，就是在调解矛盾纠纷和办理案件中……"

由于李夏工作出色，群众口碑好，他曾有多次调回县直单位的机会，但他都放弃了。在好友汪夏寅的多次追问下，李夏袒露心声："我就是喜欢跟老百姓打交道，在基层工作感觉很踏实，能为老百姓做点儿实实在在的事，内心充满成就感。"

夏之赤诚——用智慧与原则展示铮铮之风骨

李夏工作日记的扉页上写着："极耐得苦，故能艰难驰驱。"

他年轻、温和，却从事了敏感而尖锐的纪检工作，这不是一件容易的事情，身为乡纪委书记，同时又是一名有着8年党龄的党员，李夏的眼睛里有信仰的光芒。凭着对党的事业的一腔赤诚，他清廉治世，正直为人，将自己的无限热情投于纪检工作之中。

熟悉李夏的人都知道，他十分敬畏纪检工作，严于律己。李夏曾和4岁的女儿一起制作过一个陶制笔筒，父女俩大手握小手，一笔一画地在笔筒上刻下"清心为治本，直道是身谋"。这句出自宋代清官包拯的诗句，正是李夏正直和担当的写照，也是他给女儿留下的珍贵家风。

曾任荆州乡纪检干事的胡圣子回忆李夏第一天到荆州乡的情景："他第一天来的时候，把自己可能用了好几年的水瓶、脸盆都带来了，水瓶都掉色了，我说这些都可以给他配新的，他说他的还能用。"

一心为公自会以廉促行，两袖清风始能凛然正气。

胡圣子说，李夏生活很简朴，整个夏天四五件衣服换着穿，有两双鞋，一双运动鞋下村的时候穿，一双凉鞋下雨的时候穿。

李夏处理办案流程和案卷笔录等工作时既细心又耐心，每次要对犯错误的党员干部进行处分时，尽管他们有时会有抵触情绪，李夏也总是能用自己的原则和智慧处理得很好。

陈承兵的日子被一次突如其来的谈话打乱，当时他任绩溪县长安镇镇头村党总支书记，2018年4月，先是镇纪委通知他，然后县纪委找他谈话，接二连三的谈话，他一头雾水。

原来，绩溪县纪委接到反映，说他在2014年换届选举中"拉票"，可是，当纪委接到通知时，已经距离2014年换届选举4年了，作为历史问题，而且反映的又是现任的党总支书记，调查清楚这个案件着实让纪检犯了难。

李夏接到任务后，首先核查原来的信访案件，分析寻找可以着手沟通的人选，可是在实际走访中，遇到了不少困难。

从参与拉票的群众入手极难取证。于是，李夏迅速转变思路，决定直接和陈承兵本人沟通，当李夏提到 4 年前的"两委"换届拉票事件时，陈承兵表现出很大的抵触情绪。除此之外，他还有满肚子委屈。原来，陈承兵有过 15 年的当兵经历，转业回到家乡开始创业致富。2014 年的村"两委"换届前夕，陈承兵周围的朋友都建议他竞选党总支书记。

陈承兵坚持认为，自己当年的拉票不属于违纪行为，不可能触犯组织纪律。

陈承兵的强硬态度让调查工作难上加难，可为了让陈承兵认识到拉票不仅违反党的组织纪律，而且会对当地政治生态造成严重不良影响，李夏表现出了越战越勇的态度，讲利害关系给陈承兵听，多方取证最终查清事实。

陈承兵从一开始的抵触见面，到慢慢接受交流，最后，陈承兵终于签字承认了事实。

陈承兵案件也是在十八大以后，绩溪县第一起在村党总支换届选举工作中违反组织纪律的案件。

2019 年 3 月，李夏到荆州乡任职不久，就着手处理错发原荆州乡方家湾村支部书记程本祥 1 万元钱的案子。

李夏了解到，原本政府发放这 1 万元钱，是作为程本祥停岗一段时间的工资，如今要收回，程本祥想不通，既不情愿也不配合。

作为绩溪县最年轻的纪委书记，又是初来乍到，面对的是比自己年长二三十岁的老党员，工作难度可想而知。

程本祥回忆，当时李夏第一次来他家时只跟他聊家常，绝口不提退钱的事，虽然程本祥知道他醉翁之意不在酒，但两个人还是聊了许久。

后来李夏又反反复复找过程本祥四五次，他会真心实意地站在对方的角度去考虑问题。李夏一句"我知道你在给老百姓工作的这几年，没有功劳也有苦劳"，打开了程本祥的心扉。

了解到程本祥已经花掉了这笔钱后，李夏又建议"你家现在经济条件也不好，不行就分期来慢慢还这笔钱"。

接受处理建议的程本祥说："我真是被他的诚恳给打动了，打蛇打七寸，李夏就找准了我的七寸。"

手握戒尺，心存敬畏，李夏曾在工作笔记中写道："想一想，对'人诱惑'有没有动过心，对'小意思'有没有沾过边，对'微腐败'有没有黑过脸。"他正是用这样的话语，时刻给自己以警醒，时刻保持清廉节俭。

担任长安镇纪委副书记、监察室主任期间，李夏始终不放纵、不越轨、不逾矩，主办、参办问题线索77条，立案审查32起，给予党员干部党纪政务处分26人，到荆州乡任职的半年多来，办结6起审查调查案件，有力维护了群众切身利益，较好发挥了案件查处的震慑作用。

台风过后两个月，下胡家村已逐渐恢复了往日的宁静，满山的核桃已经成熟，如果李夏还在，他应该又要忙得脚不沾地。

金秋十月，高杨村的贡菊开出雪一般的花朵，大片大片的，摇曳生姿，等待采摘，每次看着一筐筐的贡菊，李夏总是笑得比谁都灿烂，然而今年是他第一次缺席秋收。

在这个寄托着李夏青春与梦想的地方，漫山遍野的花朵

李夏

在为李夏开放，为这个纪检干部短暂的生命绽放，他没能看见心爱的女儿长大，没有看见这片土地的老百姓彻底脱贫。

他出生在夏天，留在了夏天，8年的基层一线工作，他将自己人生的"盛夏"奉献给了这里。

"初心不因来路迢遥而改变，使命不因风雨坎坷而淡忘。"让我们记住这个33岁的小伙子李夏，他把信仰注入了脚下的土地，在他离开的那个夏天，绚烂绽放，生如夏花。

卢永根

1930.12—2019.08

扫码看视频　扫码看公众号

　　中共党员，广东花都人，华南农业大学原校长，中科院院士，著名水稻遗传学家。他信念坚定、忠诚如山，入党 70 年来，始终不忘初心、牢记使命，对党和国家忠诚不渝、矢志奋斗，与共和国同成长、共奋进，是一名永葆初心的优秀共产党员。他献身科研、勇挑重担，毕生致力于水稻遗传育种研究，始终站在科学研究第一线，为国家农业发展作出了卓越贡献，是一位杰出的农业科学家。他立德树人、鞠躬尽瘁，长期奋战在高等农业教育最前沿，关爱和支持优秀人才，培养了一大批高水平现代农业专家，是一名出色的教育工作者。他艰苦朴素、无私奉献，始终坚持共产党员勤俭节约的优良作风，将积蓄 880 多万元捐赠出来设立教育基金，将遗体捐献给医学研究和医疗教育事业，是一位情操高尚的道德模范。曾荣获"最美奋斗者""全国模范教师"等荣誉称号。2019 年 8 月，因病在广州逝世。

> " 我愿意以'活到老、学到老、革命到老'作为人生的取向。我的青春年华已经献给党的科教事业，我准备把晚年继续献给这个事业。 "

　　2017 年 3 月，一张新闻照片让一位看起来"毫不起眼"的老人意外在网络上走红。

卢永根（右）

他叫卢永根，87 岁，中科院院士、华南农业大学原校长。2017 年 3 月 14 日，他与老伴儿相互搀扶着，缓缓地走入银行。接下来，老人的一个举动，让在场的所有人泪流满面。

他从破旧的黑色挎包里掏出一个折叠过的牛皮纸信封，缓缓地取出里面的 10 多个存折——要求将存在银行的近 20 笔存款约 693 万元全部转入华南农业大学教育发展基金会的账户。

7 天之后，3 月 21 日下午，中国工商银行的工作人员应邀来到卢永根的病榻前。卢永根强撑着孱弱的病体，一次又一次输入密码，一次又一次亲笔签名，直至把最后的 187 万存款全部转出……

然而，总计 8809446 元并不是全部，他又签下一份协议，身后捐献自己的遗体……

2019 年 8 月 12 日凌晨 4 点 41 分，卢永根院士因病医治无效逝世，享年 89 岁。他走了，把他能留的全部，都留给了我们……

卢永根，他本是一个香港富家子弟，却跑到内地大学学农业；他是院士，更是大学校长，却极尽节约，清简朴素。

究竟是怎样的力量，让一个香港青年在新中国成立前夕，成为中共地下党；究竟是怎样的力量，让一个人放弃财富和地位，奋斗 70 年、燃烧 70 年，直至把自己的全部都毫无保留地燃烧至烬……

今天，就让我们一起走进"布衣院士"卢永根的大爱人生。

卢永根

143

放弃香港优渥生活成为中共地下党

1930 年，卢永根出生于香港一个中产家庭，他的父亲是律师行高级职员。一出生，他就过着家中有电话、出入有汽车的优渥生活。

1941 年，11 岁的卢永根刚刚过完生日，一个被香港人称为"黑色圣诞日"的日子突然降临，12 月 25 日，香港被日军占领，彻底沦陷！

卢永根和兄弟姐妹们一起，被父亲送回广州花县农村老家，但那时的广州也是沦陷区。

目睹了日军的烧杀掠抢，亲历了东躲西藏的逃难生活，已是少年的卢永根第一次感受到祖国的苦难，第一次体会到当"亡国奴"的滋味，他也深切地明白了一个道理：没有强的国，何来强的家？

两年后，卢永根回到香港继续读书，初中时，他遇到了改变他一生命运的人——语文老师、共产党员萧野。在萧野的影响下，卢永根开始接触共产主义思想，他经常参加爱国游行，也逐渐看清了港英政府和国民党反动派的真实面目。

之后，他不再遵照父亲的意愿接受英式教育，而是选择到坚持爱国教育的香港培侨中学读高中。在培侨中学的 3 年，卢永根逐渐成长为一个坚定的革命者。

1947 年，国民党反动派在香港大肆搜捕共产党员。在这样危急的情况下，卢永根瞒着家人做出了他生命中最重要的一个决定：加入中共地下党的外围组织。

此后，卢永根以"平原"为代号，参加了很多地下党组织的活动。

1949年8月9日，卢永根正式加入中国共产党。那一天，是卢永根永生难忘的一天，更是他获得新生的一天："一个很小的房间，墙壁上挂着党旗，我面向北方，面向延安的方向，高高地举起了自己的右手……"

当时，新中国即将成立，很多富商巨贾南下跑到香港，费尽九牛二虎之力，只为得到一个"香港人"的身份。而19岁的卢永根却毅然"逆行"，放弃安逸的生活，放弃别人求而不得的财富和地位，毅然奔赴祖国内地。

他告别了父母兄妹，作为中共地下党奔赴广州，考入私立岭南大学医学院，秘密从事地下学联的工作。

在那个闷热的8月，还未解放的广州街头格外嘈杂，已经是大学生的卢永根经常通宵达旦忙碌着。

在一张游行的老照片中，我们看到了年轻的卢永根，照片上的他倚靠着挂着横幅的旗杆，欣慰地笑着。

然而，那时的卢永根依然不能暴露自己的党员身份，因为他还有很多秘密工作要做。在新中国成立初期，广州还有很多国民党反动派安插的特务在暗中进行破坏活动。谁能想到，日后成为科学大家的卢永根，青年时曾作为地下革命工作者，通过自己在一线工作中的调查，为党组织甄别特务作出了很大贡献。

随着新中国政治趋于稳定，卢永根的党员身份得以公开，他生活的重心开始转移到学业上来。

然而，此刻他需要面对的却是人生中又一次改变命运和

年轻时的卢永根（二排左一）参加游行

人生轨迹的抉择……

这个学生不简单，鼓励 68 岁导师入党

"假如那么一天到来哟，人人有田耕，人人有屋住，人人有饭吃……"这是 16 岁的卢永根以笔名"平原"写的一首诗。字里行间，对民生疾苦的关注、对美好生活的向往跃然纸上。

在华南农学院，卢永根认识了原中山大学农学院院长、中科院院士丁颖。丁颖教授十分了不起，早在 20 世纪 30 年代，他就是水稻育种领域的大家，被誉为中国"稻作科学之父"。

抗战时期，丁颖教授冒着战火硝烟，用自己的生命保护中国野生稻种的经历，卢永根既感动又敬佩；而卢永根在学业上的刻苦努力，亦让丁颖十分赞赏，两人虽然相差 40 岁，却成为无话不说的"忘年交"。

1963 年 8 月，卢永根（左四）随丁颖（左三）考察水稻

丁颖是卢永根的恩师，是他学术上的领路人，而卢永根也用自己的方式，影响着这位科学大家……

卢永根在给恩师的信中，曾写了这样一句话："像您这样先进的科学家，早就应该成为共产党内的一员了。"

在卢永根的鼓励和支持下，丁颖以 68 岁高龄加入了中国共产党，这件事在当时广州地区高级知识分子中引起了极大反响，更在科学界被传为佳话。

1964 年，丁颖因病去世，他留下了 7000 份稻种和很多尚未整理的科研数据。可这项工作经费少、工作量大、不容易出成果，在没有人愿意主动接手时，卢永根挺身而出，主动把恩师用生命留下的种子小心保存起来。

他坚信，野生稻种有一种特别的基因，只要将这种基因杂交到种植水稻中，可以抵御病虫害、抗倒伏。他决定，沿着丁颖的脚步继续上路，寻找更多的野生稻种。

在之后几十年的时间里，他跑遍了全国，走遍了一切可能有野生稻生长的地方。许多珍贵的稻种，都是他翻山越岭一株一株找回来的，而他，也从身强力壮的年轻小伙子变成了头发花白的垂暮老人。

2001 年，已经 70 多岁的卢永根听说广东佛冈一处山顶有野生稻，他立即动身前往。山上本无路，还布满荆棘，可他硬是拄着手杖、弯着脊背，拖着垂垂老矣的身躯，穿越难走的荆棘、草丛，一步一个脚印往上爬。到半山腰时，70 多岁的卢永根早已体力不支，但他坚持要去现场亲眼看一看野生稻的生长环境。学生们只好扶着他慢慢往上走，终于在接近山顶处发现了珍贵的野生稻。那一刻，他就像小孩子一样，十分开心地说："这个太好了，我们没白来。"

就是这样不断地寻找，不断地搜集，不断地研究，在卢永根的坚守下，他所在的华南农业大学如今已经拥有了 1 万多份种质资源，成为我国水稻种质资源收集、保护、研究和利用的重要宝库之一。

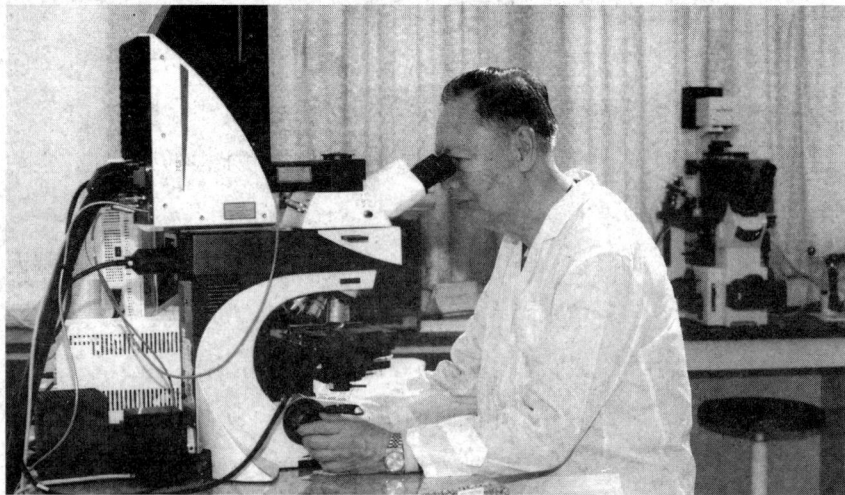

工作中的卢永根

卢永根在作物遗传学特别是水稻遗传学和稻种种质资源研究方面，取得了很多重要的进展，尤其是"特异亲和基因"的新概念，对水稻育种实践具有指导意义。

1993 年，卢永根当选为中国科学院院士。为培养更高产、高质的水稻品种，他奉献了一生。当我们端起一碗香喷喷的米饭，或许这晶莹剔透的米粒中，就饱含着卢永根的贡献。

直到 2017 年患上癌症，87 岁的卢永根才不得已离开工作岗位。他的学生回忆说："在生病住院之前，老师都没有脱离科研一线。"即便是在病榻之上，他还是反复嘱咐前来探望的学生：一定要传承好前辈留下来的珍贵种质资源。

科学无国界，但科学家有国籍！

1978 年，中国改革开放，卢永根得到了公派出国的机会，他先后去了菲律宾国际水稻研究所和美国加利福尼亚大学戴维斯分校留学。那时候，他的母亲和哥哥姐姐都已经在美国定居。

在美国时，母亲身患重病，哥哥姐姐竭力劝说他留下来，他的姐姐甚至帮他办好了移民手续。然而，令所有家人不解的是，他照顾完母亲之后，坚持回到中国。法国科学家巴斯德说过："科学无国界，科学家有祖国。"卢永根对家人说："我是一个中国人，祖国正需要我。"

1983 年，53 岁的卢永根学成归来，他有了新的使命——担任华南农学院院长。

那时的华南农学院仅有十几个系，有的系只有一两个专业，学校没有资金，教师队伍老龄化，生源也极其短缺，有些人听说要到这里当校长，都唯恐避之不及。

卢永根不怕担责任，他毫不犹豫地接过校长重担。他亲自设定课程表，一个字一个字撰写教学大纲，为了能够将国外先进学科引入华南农学院，经常加班到深夜。他在笔记本上写得最多的，就是教学规划和他在国外大学见到的先进学科的名字。

在卢永根的努力下，华南农学院陆续开设了 21 个专业学科，1 年后，正式更名为华南农业大学。

卢永根不怕得罪人，上任后他就顶着巨大压力，大刀阔斧改革，破格晋升优秀青年教师，人事改革力度之大曾轰动全国。

当时，5 个年轻人由助教直接晋升为副教授，打破了大学里论资排辈的风气。

当年破格晋升的青年才俊，包括全国政协原副主席罗富和、广东省政协原副主席温思美、中国工程院院士罗锡文、抗击非典的科研英雄辛朝安、华农原校长骆世明、广东省教育厅原副厅长张泰岭、全国教育系统巾帼建功标兵梅曼彤、广东省政协原常委杨关福。时间证明，这些年轻人都成了国家栋梁。

20 世纪 90 年代，很多公派留学生选择留在国外，有些学无所成的甚至选择在国外洗盘子也不愿回到祖国，这令卢永根十分痛心。每次他送年轻人去海外留学，都会和他们进行长谈，要求他们学成之后一定要回来报效祖国，不能长久留在国外。

可回国收入低，科研条件差，连实验台都是水泥砌的。

为了让更多的人才回国效力，卢永根就一封接一封地给海外学者写信，向他们介绍国内的情况，介绍学校情况，很多学者都被他感动了。

在卢永根的动员下，先后有七八位科研工作者归国任教。为了让这些年轻的科研工作者快速得到重用，卢永根更是不拘一格降人才。

评选珠江学者时，有人认为年轻学者刚回国不够格，卢永根当场反问："从康奈尔大学学成归国，已是爱国表现，哪儿能以回国时间长短论成败？"

当校长期间，卢永根常把这4句话挂在嘴边：多干一点儿，少拿一点儿，腰板硬一点儿，说话响一点儿。

在校长任上，他不坐进口小车，在住房等待遇上不搞特殊。作为专家学者也是如此，他不图虚名不图利。

从2004年开始，不愿当"挂名博导"的他主动停招学生，改为协助自己的学生辈带研究生。正是在那些难以被人看见的日日夜夜，他为学校长远发展铺就了道路。

这么"抠门"的他硬是攒了880万

2017年，87岁的卢永根走进银行，缓缓地取出里面的10多个存折……

在银行柜台前，每一笔转账都需要他输入密码和亲笔签名。

他随身带着尿壶，拖着孱弱的病躯，坚持了近两个小时，才将存在中国建设银行的近20笔存款约693万元转入华南农

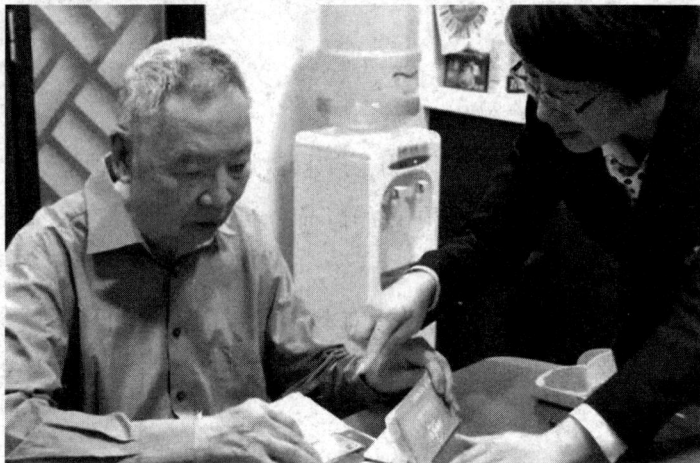

卢永根将存款全部捐献

大教育发展基金会的账户里。

之后，他和夫人又通过中国工商银行捐款。

当了一辈子老校长的卢永根，将 8809446 元全部捐赠给华南农大，用以奖励品学兼优的贫困学生，奖励忠诚于教学科研的教师，邀请国内外著名科学家来学校做讲座……

攒下这一大笔钱，卢永根老两口不容易，从存款记录上看得出，这十多个存折上的一笔又一笔存款，是他们在几十年里，一毛毛、一块块攒下的工资收入。

此情此景，在场的工作人员忍不住红了眼眶……

2017 年年初，卢永根突然鼻子出血，确诊患癌后，他的身体每况愈下，感觉自己时日不多，便与夫人徐雪宾商量：这十多个折子上的钱，不留给自己，也不留给女儿，都捐了，捐给华南农大！徐雪宾教授当时就回答："你跟我想的一样！"

卢永根夫妇都是大学教授，他本人还是大学校长，中科院院士，但他和老伴儿一生只有一套连电梯都没有的旧房子，80 多岁的老两口还得爬 5 楼上下。

当人们来到这位大学校长的家里，都不禁惊呆了，那一刻，在场所有人都忍不住热泪盈眶！

谁也没想到，这位业界泰斗、大学校长、中科院院士家里的摆设竟然如此简陋。

一屋子全是旧家具，破旧木沙发、老式电视，还有几把椅子破了，居然是用铁丝绑了又绑。铁架子床锈迹斑斑，挂蚊帐用的是竹竿，一头绑着绳子，一头用钉子固定在墙上。满是书本文献的书桌上，一个用得发暗的台灯和一部发黄的白色电话机，就连收音机也是用了十几年，坏了不舍得扔，修了再修……

在我们整理卢永根的照片时，偶然发现的细节更是让人泪目，在卢永根不同年份的照片里，竟穿着同一件绿色毛衣。他穿着它做科学实验，穿着它规划学校的发展，穿着它与后辈谈笑风生……

华农的很多教师都曾经目睹，卢永根常挎着一个简单的购物袋，步行前往附近的菜市场买菜。

他们夫妇两人都已经80多岁，自己做饭。后来因为年纪增大，行动不太方便，卢永根就和夫人一起去食堂吃饭。两位知名的科学家，在拥挤的人群中和学生一起排队打饭。

而更多时候，学生们会看到戴着棒球帽的老校长，独自拿一个半旧饭盒，拼个一荤一素的菜再加2两米饭，把饭吃到一粒米都不剩之后，再给老伴儿打包一份回去。

和水稻打了一辈子交道，卢永根最看不惯的就是浪费粮食。他总会善意提醒那些浪费饭菜的学生："多少棵水稻才能长成一碗米饭？"

而在近乎"小气"的节约背后，卢永根却对教育豪掷千金，

卢永根不同年份的照片里穿着同一件绿毛衣

出手阔绰。

除了 2017 年捐赠的 880 万元，早在 2015 年，卢永根就和夫人一起回到家乡，把祖上留下来的两间价值 100 多万的商铺捐赠给了罗洞小学。

面对全校师生，卢永根勉励家乡的孩子们："一定要认真读书、刻苦读书、努力读书！一个国家强大了，我们作为中国人，在这个世界上才更有地位，才更自豪！"

卢永根和老伴儿对自己吝啬到近乎苛刻，80 多岁的两人常背着双肩包挤公交、地铁，回趟老家也是从大学门口倒几趟公交，再坐颠簸的长途车……可攒了一辈子的 880 万和两间祖宅，老两口眼睛都不眨，说捐就捐了！

试想，一个身患绝症的人还有 880 万巨款，应该会怎么花？留下这笔钱治病，还是干脆世界旅行都花掉，或者全部留给自己的子女，无论怎么支配都无可厚非。

但卢永根，这位已经为党、为国家奋斗奉献了一辈子的老院士却说："我要将个人财产还给国家，作为最后的贡献。"

这 880 万是最后的贡献吗？不，远远不是！

卢永根夫妇两人都办理了遗体捐赠卡，他们希望自己身后将遗体无偿地捐给医学科研和医学教育事业。

活着的时候，他们奉献了所有的青春，奉献了自己的全部，离开了，他们也要将自己的遗体作为对这个国家最后的贡献！

我希望能像一束小火花

2018 年年初，卢永根当选 2017 年度感动中国人物。

躺在病床上的他，回忆起 1949 年 8 月 9 日，只有 19 岁的他宣誓入党时的情景："举起右手，面向北方宣誓，为共产主义事业奋斗终身，这些还记得！"

他说："中国人是守诺的，向党、向人民做过许诺、宣誓，那自己要遵守。"

卢永根感动了中国，但他这一辈子为国家所奉献的一切，在生命即将走向终点时所慷慨捐赠的千万家产，一定不是为了去感动谁。

华南农业大学的一位教师深有感触地说："卢永根触动我们去反思，人一生要追求的到底是什么？"

35 年前，他就给出了答案。

在 1984 年的一个夜晚，54 岁的华南农业大学校长卢永根在学校做了一场演讲。

那晚没有灯光，草坪上密密麻麻坐满了学生。卢永根动情地对学生们说："生命诚可贵，爱情价更高；若为祖国故，两者皆可抛。我希望能像一束小火花，点燃你们心中的爱国主义火焰。"

35 年后，在生命走到尽头时，卢永根用心中那团一直燃烧着的爱国之火，一丝一毫都不予保留地把自己燃烧至烬：把全部积蓄留给教育，把身体留给医学研究……

2019 年 8 月 12 日，卢永根永远离开了他深爱的土地，按照他的遗嘱，没有追悼会，没有骨灰甚至没有墓碑，只有一尊多年前树立的雕像，安静地伫立在校园一角，守望着他挚爱的祖国……

"布衣院士"卢永根虽然已经离开，可这位伟大的中国大学校长，用 70 年的信仰和忠诚担当，诠释了一位共产党员的初心；用 70 年毫无保留的奋斗与奉献，为他深爱的国家和民族留下了最宝贵的精神财富！

2019 年 11 月 15 日，中宣部追授卢永根"时代楷模"称号。

一份坚定的信仰，决定了卢永根一次又一次的人生抉择。而他，从来不是一个人，这个伟大的时代，正在造就更多的像卢永根这样的人。

朱有勇

扫码看视频　　扫码看公众号

　　中共党员，云南个旧人，中国工程院院士、云南农业大学名誉校长、云南省科学技术协会主席，我国著名的植物病理学专家。他始终牢记共产党人的初心和使命，积极投身脱贫攻坚事业，主动来到深度贫困的"民族直过区"承担扶贫任务，带领村民发展特色产业，改变了当地贫困落后的面貌。他致力农业科学研究，取得多项重大科研成果，立足农村实际推动科技成果转化，创办院士科技扶贫指导班，为云南少数民族贫困地区培养了1000余位科技致富带头人。他情系"三农"，扎根边疆，挂钩联系澜沧拉祜族自治县以来，深入村村寨寨，跑遍田间地头，与少数民族群众同吃同住同劳动，受到各族群众真心爱戴和社会各界高度赞扬，被亲切地称呼为"农民院士"。先后荣获国家科技进步二等奖、"全国优秀共产党员""全国杰出专业技术人才""全国模范教师"等荣誉称号。

> 论文得写在大地上，理论成果要放到实践中检验。老百姓说好，才是真的好。

照片中这位头戴草帽、面色黝黑的大叔，笑容淳朴又让人踏实。

朱有勇（右）

你或许能猜到，他不是一位普通的农民，但一定猜不到他是一位科学家，他在生物多样性控制病虫害方面的研究与突破，解决了世界粮食生产的重大难题，为世界粮食安全推开了一扇窗。

他叫朱有勇，云南农业大学原校长，中国工程院院士。然而，让人意外的是，这位在世界植物病理学界赫赫有名的科学家，却在他 60 岁那年，做出了一个令所有人难以置信的决定——离开他熟悉的校园和实验室，加入"扶贫大军"。

在云南边疆一个深度贫困的山村，60 岁的他换上迷彩服，扛起了锄头，跟老百姓同吃同住同劳动，大碗吃饭、大口喝酒、大声唱歌。"院士扶贫"不是口号、噱头，更不是走马观花。朱有勇一年中有 100 多天住在村里，又几乎天天长在土地里，而且一干就是整整 4 年。

老百姓不知道"院士"到底是个什么头衔，但一提起朱有勇，都毫不犹豫地竖起大拇指。

农家子弟突破世界粮食难题

1955 年，朱有勇出生在云南省红河州个旧市一个普通农户家庭，从小他就在寨子里奔跑，跟小伙伴一起抓鱼、摸虾，跟着父母耕田、坝地、插秧、收稻。

高中毕业的朱有勇下乡成为知青，在生产队劳动的那些日子，他愈发体会到农作物病虫害给农民带来的灾难，尤其是每年稻瘟病发作时，短短几天时间水稻死一大片，老百姓急得一天打两遍农药。

朱有勇

1977 年，朱有勇参加了高考，他拿到了云南农业大学的录取通知书，看到"农业"两个字朱有勇犯起了嘀咕：已经当了 22 年农民，好不容易考上大学却还要学种地。

朱有勇硬着头皮上了大学，在当时，恐怕任凭谁也不敢想，这个从农村出来的孩子，后来不仅当上了大学校长，还成了院士！

朱有勇在读研究生期间，有一次，导师问了他一个问题："回顾世界农业发展的历史，依赖农药的时间没有超过 100 年，过去没有农药的时候，是怎么控制病虫害的？"

朱有勇一时竟哑口无言，正是这个回答不上来的问题彻底改变了他的研究方向，更改变了他的一生。

20 世纪 80 年代，当时全世界范围内控制农作物病虫害主要依靠农药。那时，人类对农药危害健康、污染环境的认识不够，加上农药效果确实是立竿见影，国内国外同行们都在研究各种新型农药，几乎很少有人探索除农药之外控制病虫害的方法。

朱有勇主动坐到了冷板凳上，他选择了一条最难走也最难出成果的路：能不能找到一种办法，不使用农药，就能帮农民把病虫害控制下来？

当时，云南大范围出现稻瘟病，该病一旦流行，就会造成大幅减产，甚至绝收。

朱有勇下定决心，从解决稻瘟病这一世界性难题入手。

1986年，一次偶然的机会，朱有勇在云南省石屏县一个小山村发现了一种奇怪的现象：在一块农田里面，杂交稻和糯稻种在一起，糯稻就没有稻瘟病。

眼前这一幕让朱有勇欣喜若狂。不同品种的水稻种植在一起，就有可能不用农药防治稻瘟病。为什么会出现这个现象？它的原理是什么？

当时，才36岁的朱有勇迫切想得到答案，他设置了一块几十平方米的试验田，希望可以重现这种模式。但是，他在这块试验田整整种了7年，这种现象一直没有稳定地重现出来。

1996年，朱有勇带着萦绕心头10年的困惑，远赴悉尼大学留学，希望通过学习先进的分子生物学方法，从基因层面探索水稻抗性基因分布规律。

两年后，完成研究的朱有勇，谢绝了悉尼大学的挽留，几乎是一刻不停地回到了云南农业大学。提起这件事，朱有勇说："宾馆再好不是家，国外条件再优越，也是为他人做事。我能回到祖国，为自己的家乡做事，比什么都有意义。"

在留学的过程中，朱有勇意识到生态试验至少要扩大到100亩以上才有可能找到答案。为了重现这个实验，他跑遍了云南省内 62 个县，研究了 2000 多种水稻的基因抗性问题。虽然过程辛苦，但为了早点儿破解心中的难题，他还是充满了干劲儿。

那些年，朱有勇最爱穿短裤和塑料鞋，常常是把塑料鞋一脱就直接下田，几乎一整天待在田里，从早到晚边观察边记录，晚上再仔仔细细把数据誊抄下来。

2000 年，朱有勇终于找到了水稻的品种搭配规律，为控制稻瘟病这一世界难题作出了巨大贡献。

他的这一重大研究作为封面文章，发表在了国际权威期刊《自然》上。

凭借着为国际粮食安全作出的突出贡献，2004 年，还不到 50 岁的他就荣获了联合国粮农组织颁发的国际稻米研究一等奖。

当年，国际上只有两位科学家获此大奖，朱有勇就是其中之一。这位从中国贫困农村走出来的农民子弟，终于靠着长达 20 多年对冷门领域的研究，成为国际知名的植物病理学家，为人类的粮食安全生产作出了杰出贡献！

"作为院士，没让老百姓享受到你的研究成果，这就是失职！"

2011 年，已经是云南农业大学校长的朱有勇当选为中国工程院院士。在外人眼里，这恐怕就是人生巅峰了。然而，在荣耀加身的时刻，朱有勇又做了一个让人意想不到的决定，他向组织提出：不再担任云南农业大学校长。"行政管理很重要，但我更愿意把全部的时间和精力放到科研上。"

他说："归根结底我就是一个会种庄稼的农民，所以农民需要什么，我就研究什么。"

2015年，已经60岁的朱有勇接到了一个特殊的任务，到云南省澜沧拉祜族自治县扶贫。刚接到扶贫任务时，朱有勇的心里很犹豫，60岁，已经算得上一个老人了，扶贫，不是一件容易的事。

可当朱有勇带着博士生，整整开了14个小时的车，来到这个距离昆明600公里、位于西南边境的贫困山村时，还是被眼前的一切震惊了。

一进村子就是一股臭气，猪屎、牛粪、肥料、茅草，到处都是，水杯、炊具上落满了苍蝇。人们住的还是四处漏风的篱笆房、茅草屋，一张床、几袋玉米、一口铁锅、一个煤炉，就是一个家庭的全部家当。更让人难以置信的是，这里的人均年收入只有1000元，这意味着人均月收入竟然还不足100元。

朱有勇心里五味杂陈，他实在是不敢相信，怎么可能还有这么贫穷的地方，可另一番景象和数据让这位老院士更加难过。

这里离西双版纳很近，属于美丽的热带雨林区，水资源、光照资源、土地资源极为丰富，每家都有10亩以上的土地，还有20亩以上的林地。如此富饶的土地上生存着如此穷困的人，朱有勇心里顿时有了一种难以言表的痛。他对同行的博士生说："这里这么穷，怪我们这些人没有深入下来，没有真正地来为老百姓做些事情。作为院士，没让老百姓享受到你的研究成果，这就是失职！"

这次考察之后，朱有勇不再犹豫。2016 年春，他与团队人员选择了最贫困的竹塘乡蒿枝坝村作为试点，长期驻扎下来。然而，随着工作的深入，各种难题一个接一个出现在朱有勇的面前……

蒿枝坝村的村民都是"直过民族"拉祜族，他们由原始社会直接过渡到社会主义社会。他们不会说汉语，文化水平也很低，尤其冬天农闲时，太阳在哪里，哪里就聚着一圈人，晒太阳、聊天。

朱有勇明白，这是典型的素质性贫困，扶贫要扶智，更要先扶志。为了拉近与村民的距离，他要求团队都换上迷彩服和迷彩鞋，用拉祜话跟村民打招呼，买上酒和菜，跟老乡们一起大口吃肉、大碗喝酒。

朱有勇更是不怕辛苦，一次次走进田间地头，挂着棍子到深山密林开展实地调研。村民们更不解的是，这个姓朱的院士，总是带着一群人扛着锄头，满山遍野去挖土干什么？

朱有勇实际上是在为村民挑选种植冬季马铃薯的土地。他发现澜沧县冬天雨水少，也没有霜冻，很适合在冬季闲置的农田上种植自己研究的冬季马铃薯。

冬季马铃薯是见效最快的，11 月播种，2 月份收获时正值过年，在全中国没有新鲜的马铃薯时，澜沧县就可以成为最早上市的马铃薯产区之一，不愁没销路，更不愁卖一个高价钱。

"扶贫是一步步来的，有人配合，也有人不配合，要反复做工作。"朱有勇曾苦笑着说，"这比发 SCI（《科学引文索引》）可要难多了。"

为了打动村民，朱有勇用了最笨的办法：在村里租了一

冬季马铃薯喜获丰收

块地，带着团队人员一起种起了马铃薯。

老百姓很好奇，这些城里人竟然在地里干起了农活儿，转眼3个多月过去，土豆采挖的时候，农民从来没见过土豆能长出这么多，个头儿这么大！

朱有勇跟老百姓算了一笔账，这个季节的土豆价格最好，1公斤能卖3块多，1亩地就能纯赚5000块钱，种1亩就能脱贫，种2亩就能奔小康。

老百姓这下明白了，原来这"院士"就是"财神"啊！

在两会上吆喝卖土豆，
价值10亿专利免费给村民

2017年，朱有勇在蒿枝坝村开起了马铃薯种植培训班。

62岁的朱有勇，常常是俯下身、半蹲半跪在土地上手把手地教大家种冬季马铃薯。怎样切种块、消毒，如何挖沟起垄、浇水施肥……

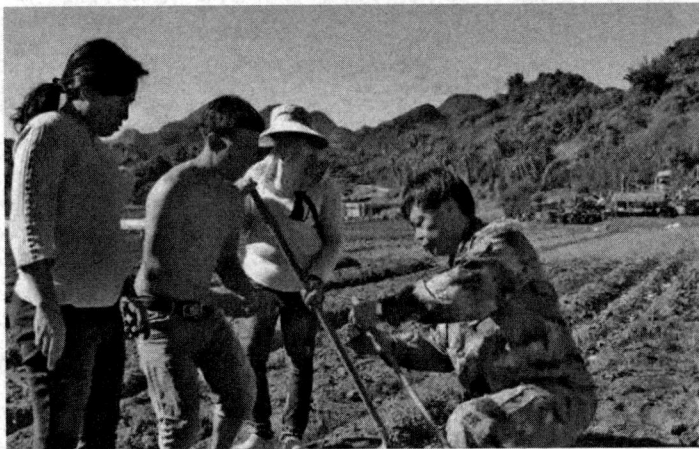

朱有勇手把手教大家种冬季马铃薯

马正发是冬季马铃薯班的第一届学员。2018 年，他种了
10 亩冬季马铃薯，让他兴奋不已的是，这一个冬天，10 亩地
的收成竟然卖了 7 万元，对于这里的老百姓来说，这真是一
笔巨款！

今年，马正发要把 20 亩地全部种上冬季马铃薯，他心里
盘算着，最少也能赚 10 万。

3 个月就富了的马正发，让所有人都兴奋不已，村里 33
户人家，有 31 户都跟着种了冬季马铃薯。

老百姓的马铃薯丰收了，朱有勇又身先士卒，只要有机会，
就不遗余力地"吆喝"起来。

2018 年 3 月，全国两会的"代表通道"里，作为全国人
大代表，朱有勇把老乡种出来的土豆吆喝到了人民大会堂，
向全国的媒体展示。

那一天，朱有勇举着一颗 2 公斤的土豆，脸上掩饰不住
激动和自豪。他兴奋地说："这是开春之后全中国最先上市
的新鲜土豆，这个季节北京吃到的土豆丝，5 盘里有 4 盘是我
们的土豆做的。"

就在朱有勇两会直播卖土豆时，几十辆卡车正在云南澜沧准备出发。60个小时后，一盘盘醋熘土豆丝就出现在了北京各大饭馆的餐桌上。

　　马铃薯盘活了冬闲田，让老百姓的腰包一年就鼓了起来，可朱有勇又"盘算"起了这里广袤的松林。

　　在朱有勇众多的科研技术中，有一项"林下种植三七"的技术，这项技术可以不用一颗农药，就解决三七容易生病、无法连续种植多年的难题。

　　三七是名贵中药材，尤其是无农药的天然有机三七，市场价格很高，曾有企业开出10亿元人民币的高价要买他的这项技术，却被他严词拒绝了。

　　朱有勇几乎没有多想，就决定把这项耗尽他10年心血的科研成果，这项价值数亿元的巨大财富，免费让给当地的贫困百姓。

朱有勇指导林下三七种植

当时，朱有勇的这个决定，让很多人非常不理解，团队里也出现了不同的声音。为此，朱有勇专门开了一个会，掏心掏肺地对所有人说："党和政府已经给了我们很好的'俸禄'，我们科研的目的不就是让所有老百姓受益吗？"

从那天起，朱有勇定下了一个规矩，谁都不许利用他的技术成果牟取个人利益。

朱有勇常常说："我自己是农民出身，我也一直是一个农民。"跟金钱与地位比起来，让农民从科研成果中受益，就是他最大的心愿。

收1500个农民当学生，把科研论文写在大地上

2019年，《院士收了1500个农民学生》的话题在网上引发关注，《人民日报》、新华社纷纷报道。

朱有勇和培训班学员一块儿犁地

在网络刷屏的这位院士，就是朱有勇。为了保证村民脱贫不返贫，朱有勇决定开办技能培训班，由院士专家亲自给老百姓上课，手把手地现场演示，手把手地在农田里教学。

朱院士招生只要求一个条件：想不想致富？他的培训班不仅不收费，还管吃管住，免费发迷彩服和胶鞋。他要求上课的学员必须参加军训，克服因长期贫困滋生的萎靡气息。他和学员们一起吃、一起住，在田间指导种植时，一块儿犁地、播种、收获。

除了冬季马铃薯、林下三七，朱有勇和团队还开设了冬早蔬菜、茶叶种植、林业班、猪牛养殖班等前后共计 24 个技能班，培训了 1500 多名乡土人才。学员们甚至开心地说：咱天天跟在博士的身后学习，咱也都是"博士后"啦！

有人问，院士教农民是不是大材小用？朱有勇摆摆手，笑着说："这些老乡比大学生、研究生学得认真，我搞了一辈子农业，来扶贫就都用上了，看着自己的科研成果长得漫山遍野，看着乡亲们富了、笑了，我这心里是真的高兴，真的满足！"

2019 年 11 月，为了帮这些扶贫农产品扩大销路，朱有勇又和国内知名电商平台一起联合打造了农村电子商务班，帮助农民把最新鲜的农产品直接卖到全国各地的消费者手里。

从朱有勇驻村扶贫那天起，到 2019 年整整 4 个年头了，如今，他已经成为澜沧寨子的一员。朱有勇有些得意地对记者说："现在我每天早上出去跑步，村里的狗也不冲我乱叫了，有时候还有几个狗狗尾随着我一起跑。"

最让朱有勇温暖的是，每天晨跑回来，他的门上总是挂

朱有勇和农民劳动在一起

着煮熟的鸡蛋、玉米、红薯等早点。他感动地说："我受到这样的厚待，就必须有一颗感恩的心，把我们的技术好好教给他们，让他们富起来，日子好起来，回报他们的爱。"

放在 4 年前，谁敢相信，就是这样一位不起眼的年过 60 的专家，竟然能在这么短的时间里把一片片闲置田变成了绿水青山，变成了金山银山。一座座篱笆房变成了砖瓦房，一条条泥巴路变成了水泥路，房前屋后种满了鲜花和蔬菜，家家户户添置了淋浴器、买了三轮车，有的人家甚至开上了小汽车，外出务工人员也纷纷回到了寨子里。

一组组跳动的数据，一幅幅变化的照片，一张张幸福的笑脸，这背后凝聚着他踏遍泥土的脚印、一次次弯下腰背、曲下双腿的艰辛。

身上有土，脚下有泥！

朱有勇不是一个人在战斗，在打赢脱贫攻坚的战场上，还有千千万万的科技工作者，他们把汗水洒在了田野，把论文写在了大地。我们应该向朱有勇院士和千千万万扎根农村，付出艰辛与汗水的科技工作者致敬，谢谢你们，辛苦了！

海军"和平方舟"号医院船

扫码看视频　扫码看公众号

海军"和平方舟"号医院船，是我国第一艘制式远洋医院船，是践行党在新时代的强军目标、推进海军转型发展的先锋舰船。入列以来，医院船以"和谐使命"任务为主要载体，勇闯大洋锤炼远海卫勤保障能力，远赴海外开展人道主义医疗服务，在波峰浪谷中砥砺强军之志，在卫护士兵中增强打赢本领，在救死扶伤中传递和平理念，先后9次走出国门，航行24万余海里，服务43个国家和地区、23万余人次，极大提升了备战打仗水平，有力服务了国家政治外交大局，赢得了国内外高度赞誉。2019年被共青团中央、全国青联授予"中国青年五四奖章集体"，被海军表彰为"人民海军70周年突出贡献单位"，荣立一等功一次、二等功两次、三等功一次。

> "　　我们居住的这个蓝色星球，是被海洋连结成的命运共同体——这是我们要向全世界说的话。"

　　你知道在异国，听到从岸上飘来《歌唱祖国》的歌声时的感受吗？你见过在他乡，当地人民发自内心感恩欢送的场面吗？这些，中国海军都经历过。如果说，中国海军战斗舰艇散发着雄性力量，那么，"和平方舟"号医院船则散发着一种母性光辉。这源自她的独特使命，源自中国的温和力量、大国担当。

　　人生有几个 11 年？这是李学周在这条"大白船"上度过的第 11 个年头。2008 年接船时，这个"大块头"给他投了颗震撼弹：不是"船"吗？怎么比我待过的"舰"还要大？那时的他只觉得，"有了施展拳脚的地方"。

　　他还没意识到，在接下来的岁月里，这条船将给他的人生带来怎样的变化。在新疆出生长大的李学周在读大学前，别说大海，就是大江大河都没见过。第一次看见蔚蓝的大海，

"和平方舟"号医院船

他恨不得一个猛子扎进去游一圈。在接下来的 11 年中，他不仅投入了大海的怀抱，更随着"和平方舟"号投入了世界的怀抱——在三大洋六大洲 43 个国家和地区留下了足迹。

这一次，《时代楷模发布厅》的录制现场来到了停泊在浙江舟山的这艘万吨级的"大白船"上。李学周的战友们总是亲切地称它为"大白"，是因为船体绝大部分为白色，暖心的"大白"与"和平方舟"号的使命颇为相近：救死扶伤、传扬和平。甲板上巨大的红十字，表明了它的特殊身份。

这是中国海军唯一一艘医院船，是一艘超万吨级的大型制式医院船，是由中国自行设计建造的，光一层就相当于 10 个篮球场的大小，而这里上下一共有 8 层甲板，这就是一座海上流动的三甲医院。自 2008 年 12 月入列，11 年以来，航行 24 万余海里，到达过病毒肆虐的东非国度，去过受强台风袭击的菲律宾，抵达过深陷旋涡的委内瑞拉。

在信号班班长韩大林记忆里，定格着这样一幕：那天，汽笛拉响，船即将驶离秘鲁卡亚俄港。突然，准备收起舷梯的战士停下了动作。这一停，是为了一对迟到的华人老夫妇，他们错过了舰艇开放的时间。老太太嗔怪老爷子开车太慢，差点儿就丢了"见到亲人的机会"。老两口没有别的要求，"只要在甲板上站几分钟就可以"。老两口在海军战士的搀扶下踏上舷梯，在甲板上，老爷子突然缓缓下蹲，然后跪下。他将脸颊贴在甲板上，转过脸，轻轻地亲吻着甲板，泪水重重地掉落在甲板上。

这一吻，他仿佛用尽了余生所有的气力。汽笛再次拉响，老两口挥手告别的身影越来越模糊，韩大林回到战位，悄悄拭去眼角的泪水。停泊在异国他乡港口的"和平方舟"号，对这些华人华侨来说，就是祖国。

无论是进行国际人道主义医疗服务，还是参加多国联合演习，"和平方舟"人渐渐懂得"祖国"这个词的厚重，真切感受到个人命运与祖国命运是如此紧密相连。

"大白船"上的海军蓝

或是海洋迷彩，或是一身素白，有 3092 名海军官兵和医护人员曾经在此工作和生活，是他们，让这艘巨轮名扬海外。

这艘医院船就是他们在海上的家，走出去，他们代表祖国，这一方"流动的国土"向世界传递着中国理念。这既是"国与家"最直接而美好的代名词，也是"和平方舟"人肩上如山的责任。

李学周用彩笔圈出笔记本上的各国电话区号；"和平方舟"号医院船政委陈洋阳的办公室里，泛黄的世界地图上用笔标注了他所有到过的地方，20多个小黑点儿实现着他"当海军，看世界"的梦想；每到一个地方，韩大林则会在到访地买一枚当地特色的冰箱贴……这些普通而又不平凡的中国水兵，用自己的方式，标注"和平方舟"号的世界航迹。

　　每到一个国家，天还没亮，就有成百上千的老百姓在港口排着队等待上医院船就诊。麻醉医生李鹏最爱摄影，他在巴基斯坦拍过一张排队候诊的照片，过道里人多到他只能举起单反拍摄，在他挤过人群的时候，他特别坚定地告诉自己，一定要不负重任。

　　在马尔代夫，李鹏遇到一个10岁的孩子，是个孤儿，患有右手先天性六指畸形，手指的畸形让他性格孤僻、眼神黯淡，说话也很少，李鹏特别心疼。侯黎升主任帮这个孩子去

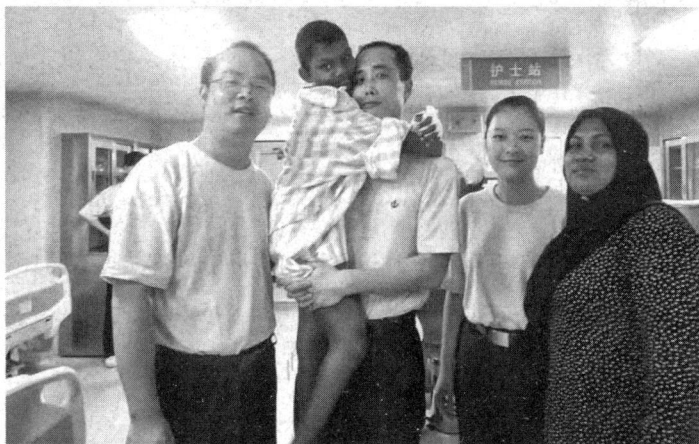

马尔代夫患儿术后抱着侯黎升主任的脖子不撒手

除掉多余的手指，术后，孩子觉得自己和其他小朋友一样了，开心地抱着侯医生的脖子不撒手。

在 2013 年的任务中，最多的一天，李鹏一共做了 23 台手术。平均一台手术是 1 个小时，这一天李鹏有 23 个小时都在手术间。实在困到不行的时候，他就趁着手术接台间歇靠在墙上眯一会儿。

郭保丰，这位掌舵中国海军唯一一艘专业化医院船"和平方舟"号的船长，拥有闪闪发光的梦想。大家都说，他是"最不像船长的船长"，他懂十几种乐器，每次船上组织晚会，他都会演个节目。休息时，他喜欢和船员们掰手腕、比赛做俯卧撑。战友们一边鼓掌加油，一边感叹"船长太牛，40 岁的人，居然还保持着 28 岁的身手"。

2015 年，郭保丰接手"和平方舟"号时刚刚 36 岁，是历任船长中最年轻的一位。父亲的军人气质深深地影响了郭保丰，他一直记着父亲的一句话："当兵的人，肩上扛的是国之大事。"

对郭保丰而言，"国之大事"生动而具体，它可以是一次次在异国土地的克服困难，也可以是一次次用坦诚消除外国友人的误解。

作战时，"和平方舟"号为中国军队伤病员提供海上治疗，平时，为中国舰艇编队和边远地区驻岛守礁部队提供医疗，以及提供国际人道主义服务，而人道主义灾害的救援，最能体现"和平方舟"人的"刚"与"柔"。

来自菲律宾的紧急呼叫

有些地方，哪怕一辈子只去过一次，回忆起来，每一个细节还是那么真切。对韩大林来说，菲律宾莱特湾就是这样一个地方。他时常在想：6 年前，他们刷在防波堤上的标志还在吗？那个醒目的标志是他和战友们亲手漆上去的——白底，上面画着大大的红十字，红十字下方写着"ARK PEACE"，也就是"和平方舟"号。

6 年前的那场超强台风，让菲律宾塔克洛班市从美丽的海滨小城变成满目疮痍的灾区。韩大林驾着救生艇一趟趟往返于码头和"和平方舟"号，防波堤上的"ARK PEACE"标志处，正是救生艇停泊处。而那些菲律宾民众或许也记得，以它为标志的那场生命营救，那些给他们生命以希望的中国军人，那艘停泊在莱特湾里的白色大船。

2013 年 11 月 19 日，"和平方舟"号处于休整阶段，任务结束，从国外归来的 400 多人已分散各地。这天，时任海军总医院副院长孙涛正在出差，突然接到上级通知，要他赶紧买票回北京。

"速回北京！！！"是电话里的核心内容，可到底执行什么紧急任务，孙涛一头雾水。

上飞机前，医院告诉孙涛要派去菲律宾救援。菲律宾救援？孙涛得知消息后心头一紧。就在几天前，超强台风"海燕"席卷菲律宾中部，导致 6300 人死亡、28000 多人受伤。他明白，"和平方舟"号即将面临的是一次前所未有的任务。

　　这是"和平方舟"号医院船第一次参加真实的救援，以往"和平方舟"号组织一次有计划的国际医疗救援，少则两个月、多则半年，但台风侵袭后的菲律宾受灾惨重，人命不能等！

　　为了以最快的速度抵达灾区提供救援，海军命令，刚刚完成"和谐使命 –2013"任务、回国不久的数十家单位、400 多名官兵迅速集结，从接到任务到完成一切出航准备，仅仅用了 48 小时。在短时间内召集这么多单位、这么多人员，确确实实创造了一个奇迹。

　　为了第一时间到达菲律宾，"和平方舟"号横穿了巴士海峡外围 7~8 米的大浪区，人在床铺上都能被摇得蹦起来，"和平方舟"号医院船没有绕道没有减速，途经了常年大风大浪的巴士海峡外围，一路劈波斩浪，只用了 77 个小时就到了菲律宾受灾最严重的地区——莱特湾，成为当时第一艘抵达菲律宾的外国医疗船。

　　他们面对这种人道主义灾害的救援，是完全未知的。眼前的景象出乎大家的预料，真的是满目疮痍，很乱。

　　天黑了，整座城市都没有电，伸手不见五指。电力中断，首批医疗队员摸黑 4 个小时，终于找到了周边一家医院，就在大家准备实施救治的时候，意想不到的情况又发生了。

　　受灾后的菲律宾民众心理极度脆弱，再加上通信中断、信息传达延迟，当地人并不清楚会有中国救援船提供救治。中国医疗队员只能挨个和他们解释，才勉强找到 6 位愿意去船上治疗的病人。可等孙涛找到车辆要运输病人时，有两个病人又不愿去了，这让他非常苦恼，想帮助菲律宾民众，却空有力气使不出来。

一块来自菲律宾的特殊尿布

眉头一皱，计上心头，借助当地媒体力量，开新闻发布会。"和平方舟"号最大范围地把消息传开，与此同时，把近10吨的医疗物资转移到陆地，在废墟之上，也在百姓眼前，搭建起前置野战医院。

走乡入户帮他们消毒防疫，给他们派药。两天之内，救援队在残垣断壁上开辟直升机起降点，用飞机运送病人到"和平方舟"号医院船上治疗。前置医院和救援船24小时运转，前来就诊的患者辐射到周边200多公里。两周一共做了44台手术，接诊了2208人，还有4位在船上出生的"和平方舟"宝宝。

因为菲律宾莱特湾码头条件不好，"和平方舟"号只能在距离码头10海里处抛锚驻停。韩大林和战友们用小艇，一趟一趟地从医院船上往陆地运送物资，另一部分船员就开荒拓土。海啸过后的菲律宾相当破败，有倒塌的房子、泥沙，还有蛇有狗。

越是艰苦，越见真情，在海军总医院的院史馆里，珍藏着一块尿布，这块尿布有什么特别之处？台风过后，菲律宾受灾情况严重，可是，有4个菲律宾孩子出生在船上，中国护士就用一些床单被套做成尿布。查房时，孙涛一进去就看见孩子的爸爸举着中国军人做的没舍得用的尿布，在上面写着"感谢中国'和平方舟'"。病房里只要来一个人，孩子的爸爸就要举起来给别人看。一块用床单做成的婴儿尿布，见证了灾难中两个国家守望相助的浓厚情谊。

是求大局稳妥，还是冒着风险救人？

在这艘"生命之舟"上，11年来先后接生了6位"和平方舟"宝宝。其中有一位孟加拉国的女婴，她的出生牵动了一船人的心。

2010年11月9日，一位来自孟加拉国的孕期36周的25岁孕妇来到中国军医面前，她身体特殊，妇产科医生陈蕾至今都记得初次见她的样子：走路喘，独立都站不住，要靠在门上，一直靠在门上喘气。陈蕾听她的心脏，各种杂音都有，怀疑她有心脏病。

检查结果一出来，把陈蕾吓得够呛，连当时的心内科主任都震惊了，这是一个接近于重度的心脏二尖瓣患者。

"和平方舟"号医疗团队在国内近20年已经基本上没见过这样的病人了。

二尖瓣就像是心脏里的一个单向活门，二尖瓣狭窄会使心脏血流不通畅，从而导致肺淤血或者肺水肿，尤其是在生产过程中，这种病情可能会危及生命。

那次的"和谐使命－2010"任务，是海军首次组织医院船赴海外执行的人道主义医疗服务，孟加拉国作为首轮出征的最后一站，能否画上完美句号，直接意味着整个任务可否顺利收官。

由此，这场手术有了不一般的意义，是求稳，还是冒着风险救人？面对眼前这位病情危重、手术难度极大的孕妇，中国军医该如何选择呢?

"中国妈妈"的孟加拉女儿

异国他乡、条件艰苦、病情罕见,在多重因素影响下的一位高危孕妇,接下这台手术,陈蕾需要不一般的勇气。

做手术的前一天晚上,陈蕾抱着《威廉姆斯产科学》这本"产科圣经"度过。作为孕妇的主刀医生,陈蕾将面临自己从医 21 年来的最大挑战。

陈蕾跟孕妇及其丈夫谈了 8 条手术并发症,这两口子没说一句话,闭着眼睛把字都签了,这对夫妻对中国军医特别信任。

11 月 11 日下午 2 点,孕妇被推进手术室,此时手术室的空气仿佛凝固了一般。

剖宫产,孩子顺利出生,一个孟加拉女婴的生命保住了,可是陈蕾 1 秒钟都不能放松,因为对于身体状况脆弱的孕妇来说,产后的任何一个意外都有可能随时致命,这次手术面临的最大考验,从这一瞬间开始。

又经过了一系列的抢救,这名产妇的体征终于稳定了下来,陈蕾心里的石头终于落地。

女婴父亲安瓜尔·侯赛因喜极而泣:"没想到中国医生救了我妻子,也救了我孩子。"

他给孩子起名叫 Chin,孟加拉语里是"中国"的意思。给女儿取名为"中国",这是孟加拉人民对"和平方舟"号最质朴的感激。

Chin 亲吻盛睿方

　　"和平方舟"号把生命至上的信条放在心里。医者大爱，面对罕见、高危、手术难度极大的孟籍孕妇时，陈蕾说："这手术，非做不可。"这是他们内心的笃定和对生命的敬畏。

　　这例手术背后的军医团队是陈蕾、盛睿方、费宇行。

　　2017 年 5 月，"和平方舟"号时隔 7 年再次访问孟加拉国，在欢迎的人群中，就有 Chin 一家。小姑娘呼喊着"中国妈妈"，举着中国国旗，给了随舰而到的盛睿方一个吻，这一张照片，打动了很多人。

在《时代楷模发布厅》的录制现场，Chin 和她的小弟弟、爸爸妈妈从孟加拉被请了过来。Chin 和家人一直对中国医生的救治念念不忘。这一刻，他们惊喜见面，这也是陈蕾 9 年来头一次见到 Chin。当时刚出生的"小不点儿"，如今已成长为穿一身中国红的漂亮小姑娘。陈蕾顿时泪崩，哽咽着说："我当初守在她身边 48 个小时。"

对着镜头，对着甲板上的中国军人，这个见证中孟两国友谊的小天使，甜甜地用中文说出"中国"二字。Chin 给中国妈妈带来了一份礼物，是她手绘的中国国旗。最后，Chin 一家四口齐声说："我们爱中国！"

9 毫米长的子弹背后的人生悲欢

这份对中国的爱，来得不是无缘无故，是有比较而得的。

2014 年 8 月 16 日，大洋洲汤加王国，一位 27 岁的汤加小伙子大卫·玛卡上船就诊。

体重 270 斤的他，左胸部嵌着一颗子弹，他曾经周转新西兰、美国等国就诊，可医生都害怕风险，不愿给他动手术。

4 年前的一次意外，让他遭到手枪近距离射击，这颗子弹正好停留在他的左胸壁深层，子弹不仅挨着心脏，而且距离左侧肺部很近。

取子弹的手术难度太大，这是玛卡辗转不同国家问诊却被不同医生一一拒绝的原因。一旦损坏到心脏或者是血管的话，那就会相当危险。

暗藏在玛卡心脏旁的这颗子弹，像是压在他心头的一块

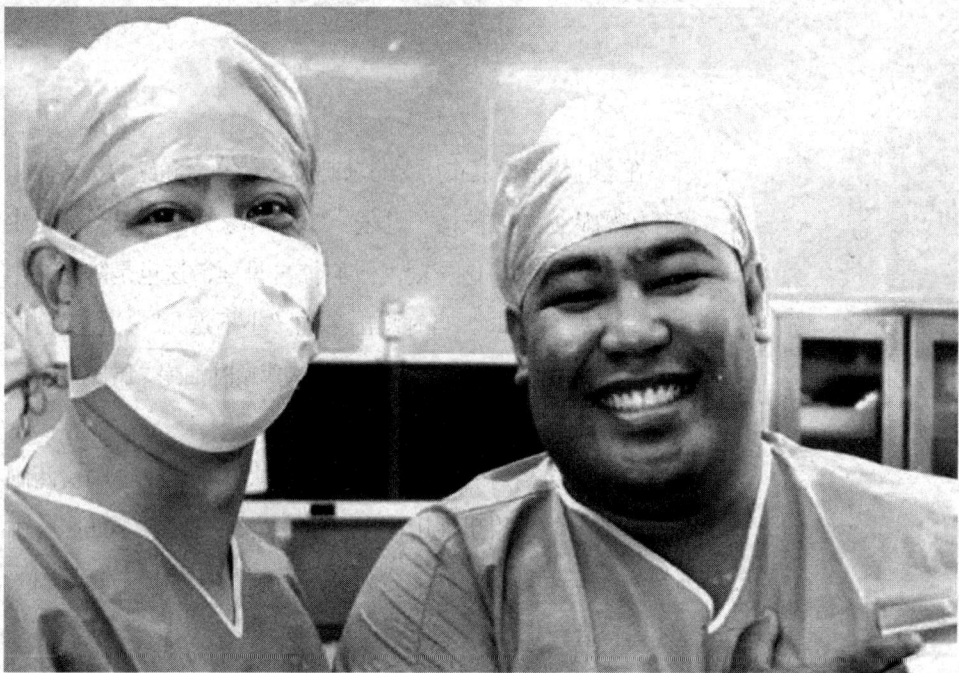

张剑（左）和术后的玛卡

重石，他带着子弹生活了 4 年，也提心吊胆了 4 年。玛卡看到中国海军救援队来到家门口，便迫切地想要去掉这个心头之患。

为了精准判断子弹的位置，玛卡做了 6 次 X 光照射，陪他的张剑医生也被 X 光扫描了 6 次。

最后数据到手，张剑果断作出决定。8 月 17 日下午，玛卡躺在了"和平方舟"号医院船的手术台上。按照原计划，张剑给玛卡采用了局部麻醉。

可是麻醉剂刚发挥作用，问题便随之而来。

普通人使用麻醉剂后，身体肌肉出现松弛属于正常现象，可是玛卡体重过大，肌肉松弛导致的子弹位移完全出乎判断。第一个切开的地方，没找到子弹。

短短2厘米范围内，排布着人体成千上万条交错的神经和血管。稍有不慎，子弹还有可能被推入胸腔或肺部，张剑的第二刀能找准子弹吗？

　　这颗9毫米长的子弹，对玛卡来说就好像是心脏旁的一颗定时炸弹，主刀医生张剑更像是一位缜密细致的"排雷专家"。

　　第二刀准确地切在子弹上面，拿个钳子把它拎出来，手术成功！张剑顶着中国军医的名誉，靠着精湛医术，在短短23分钟的时间里，从玛卡心脏旁取出一颗9毫米长的子弹，卸掉了玛卡背负4年的思想包袱，也为玛卡带来了重生的希望。

　　当时玛卡非常激动，张剑还把子弹拿给他看，突然发现玛卡晕过去了。张剑吓了一跳，赶紧看玛卡的心电图，没有任何异常。等玛卡再次醒来，他对张剑说："You change my life."（"你改变了我的生活。"）后来玛卡专门给张剑发邮件表示感谢，他的家人也非常感谢张剑拯救了玛卡的人生，玛卡以后就可以看着他的孩子长大了。

　　取出子弹后，玛卡过得怎么样？

　　在《时代楷模发布厅》的录制现场，张剑和玛卡进行了远程视频连线。

　　远在大洋彼岸的玛卡说，2014年前的那几年，他每一天都在担心，自己还能不能活到第二天，担心自己无法看着心爱的女儿长大，而张剑用了23分钟的时间，为他打开了一扇新的人生大门。

中国军舰带来的不是飞机大炮

国外的人说，其他国家的军舰过来，带着飞机、大炮，但是你们中国的军舰过来，带来的是医生和药品，给我们送来的是健康。

每到一处，"和平方舟"号刮起"中国风"，离开的时候，当地民众都会学着用中文说"你好""朋友""谢谢""兄弟"。

在孟加拉小女孩 Chin 的心里，在 23 万余被救治过的外国人心里，埋下了一颗名为"中国"的种子。若干年后，它们就会生根发芽、开花结果，会把中国人民期盼友爱与和平的愿望，播撒到更远的地方。陪伴着"和平方舟"号远行的，是医院船上 3092 人次的官兵和医护人员。

这些穿着军装的和平使者，用他们的坚守与奉献架起了一座座爱的桥梁。在《时代楷模发布厅》的录制现场，中宣部副部长梁言顺为时代楷模"和平方舟"号医院船颁发奖章和证书。

2010 年 10 月 13 日，"和平方舟"号首次访问肯尼亚，距离上一次中国船只来到这里已经过去了 600 多年——1415年，郑和下西洋的船队曾抵达此地。

600 年，在漫漫历史长河中并不凸显，然而，当把这两艘相隔 6 个多世纪的中国船放在一起时，我们会发现：无论是600 年前的郑和船队，还是 600 年后的"和平方舟"号医院船，都是怀揣着一颗友好而温暖的心。

"没有大炮，没有导弹，没有鱼雷……它满载着中国军队和人民对和平的渴望和对生命的尊重，是和平发展的'中国名片'。"中国驻东帝汶大使刘洪洋说。

这颗心跳动于蓝色的海洋之上，跳动于许多陌生的外国民众中间。这张闪亮的中国名片，充分展现了中国温和的力量、大国的担当，展现了中国作为一个负责任大国的形象。

中国红十字的身影和航迹进入了世界各国人民的视线，世界红十字会官员称："'和平方舟'不仅是中国的，也是世界的。"我们应该再一次为中国军医的仁心仁术点赞，为中国海军的无畏担当点赞。